반드시 알아야 할

사자성어

반드시 알아야 할
사자성어

초판 1쇄 2008년 1월 25일
초판 6쇄 2015년 1월 23일

펴낸곳 시간과공간사
등 록 1988년 11월 16일 제1-835호
펴낸이 최석두
ISBN 978-89-7142-211-3 02700

서울시 마포구 서교동 480-9 에이스빌딩 3층 우) 121-210
전 화 02)3272-4546~8 팩스 02)3272-4549
이메일 tnsbook@naver.com

잘못 만들어진 책은 구입하신 곳에서 바꾸어 드립니다.

반드시 알아야 할
사자성어

편집부 엮음

시간과공간사

머리말

한자가 얼마나 중요한 화두로 떠올랐는지는 모두가 잘 알 것이다. 각종 한자 관련 시험은 날로 인기를 더해가고 있으며, 수능이나 논술, 취업 시험에서도 한자 문제가 빠지지 않고 출제되고 있다. 특히 사자성어는 시험뿐 아니라 개인의 상식을 평가하는 기준이 되기도 한다.

이 책은 실생활에서 많이 사용하는 사자성어를 쉽게 암기할 수 있도록 설명해 놓았다. 특히 실생활 예문을 통해 사자성어를 더욱 빠르게 이해할 수 있도록 했다.

많이 들어 음은 익히 알고 있으나 그 뜻이 무엇인지 알쏭달쏭한 사자성어, 본문에 소개된 사자성어를 하나하나 공부하다 보면 어렵게만 느껴지던 사자성어가 아주 가깝게 다가올 것이다. 부디 열심히 익혀 학업 성적은 물론 상식을 넓히는 데 많은 도움이 되기를 바란다.

편집부

차례

ㄱ

呵呵大笑 가가대소 ………… 21
家家戶戶 가가호호 ………… 21
街談巷說 가담항설 ………… 21
苛斂誅求 가렴주구 ………… 22
佳人薄命 가인박명 ………… 22
苛政猛於虎 가정맹어호 …… 22
家和萬事成 가화만사성 …… 23
刻骨難忘 각골난망 ………… 23
刻骨銘心 각골명심 ………… 23
刻骨痛恨 각골통한 ………… 24
刻舟求劍 각주구검 ………… 24
艱難辛苦 간난신고 ………… 24
肝腦塗地 간뇌도지 ………… 25
肝膽相照 간담상조 ………… 25
渴而穿井 갈이천정 ………… 25
感慨無量 감개무량 ………… 26
甘言利說 감언이설 ………… 26
感之德之 감지덕지 ………… 26
甘呑苦吐 감탄고토 ………… 27
甲男乙女 갑남을녀 ………… 27

甲論乙駁 갑론을박 ………… 27
康衢煙月 강구연월 ………… 28
姜太公 강태공 ……………… 28
江湖煙波 강호연파 ………… 28
改過遷善 개과천선 ………… 29
蓋棺事定 개관사정 ………… 29
改善匡正 개선광정 ………… 29
蓋世之才 개세지재 ………… 30
客反爲主 객반위주 ………… 30
去頭截尾 거두절미 ………… 30
居安思危 거안사위 ………… 31
擧案齊眉 거안제미 ………… 31
去者日疎 거자일소 ………… 31
去者必反 거자필반 ………… 32
乾坤一擲 건곤일척 ………… 32
格物致知 격물치지 ………… 32
隔世之感 격세지감 ………… 33
隔靴搔癢 격화소양 ………… 33
牽强附會 견강부회 ………… 33
見利忘義 견리망의 ………… 34
見利思義 견리사의 ………… 34

犬馬之勞	견마지로	34	孤軍奮鬪	고군분투	44
犬馬之誠	견마지성	35	高臺廣室	고대광실	45
見蚊拔劍	견문발검	35	叩頭謝罪	고두사죄	45
見物生心	견물생심	35	膏粱珍味	고량진미	45
堅如金石	견여금석	36	孤露餘生	고로여생	46
犬猿之間	견원지간	36	孤立無援	고립무원	46
見危授命	견위수명	36	鼓腹擊壤	고복격양	46
堅忍不拔	견인불발	37	孤城落日	고성낙일	47
犬兔之爭	견토지쟁	37	姑息之計	고식지계	47
結者解之	결자해지	37	孤臣寃淚	고신원루	47
結草報恩	결초보은	38	苦肉之計	고육지계	48
謙讓之德	겸양지덕	38	孤掌難鳴	고장난명	48
兼人之勇	겸인지용	38	苦盡甘來	고진감래	48
輕擧妄動	경거망동	39	高枕安眠	고침안면	49
傾國之色	경국지색	39	古稀	고희	49
耕當問奴	경당문노	39	曲學阿世	곡학아세	49
經世濟民	경세제민	40	汨沒無暇	골몰무가	50
敬而遠之	경이원지	40	骨肉相殘	골육상잔	50
鏡中美人	경중미인	40	公卿大夫	공경대부	50
敬天勤民	경천근민	41	共倒同亡	공도동망	51
驚天動地	경천동지	41	公明正大	공명정대	51
敬天愛人	경천애인	41	空中樓閣	공중누각	51
經天緯地	경천위지	42	公平無私	공평무사	52
繼繼承承	계계승승	42	誇大妄想	과대망상	52
鷄口牛後	계구우후	42	過猶不及	과유불급	52
鷄卵有骨	계란유골	43	瓜田李下	과전이하	53
鷄肋	계륵	43	管鮑之交	관포지교	53
鷄鳴狗盜	계명구도	43	刮目相對	괄목상대	53
季布一諾	계포일낙	44	光明正大	광명정대	54
股肱之臣	고굉지신	44	曠日彌久	광일미구	54

한자	독음	쪽	한자	독음	쪽
曠日持久	광일지구	54	勸善懲惡	권선징악	64
矯角殺牛	교각살우	55	捲土重來	권토중래	65
狡兔三窟	교토삼굴	55	貴鵠賤鷄	귀곡천계	65
巧言令色	교언영색	55	橘化爲枳	귤화위지	65
敎外別傳	교외별전	56	克己復禮	극기복례	66
膠柱鼓瑟	교주고슬	56	極惡無道	극악무도	66
狡兔死良狗烹	교토사량구팽	56	近墨者黑	근묵자흑	66
敎學相長	교학상장	57	近朱者赤	근주자적	67
九曲肝腸	구곡간장	57	金科玉條	금과옥조	67
救國干城	구국간성	57	金蘭之契	금란지계	67
狗尾續貂	구미속초	58	錦上添花	금상첨화	68
口蜜腹劍	구밀복검	58	金石盟約	금석맹약	68
九死一生	구사일생	58	今昔之感	금석지감	68
口尙乳臭	구상유취	59	金石之交	금석지교	69
鳩首會議	구수회의	59	金城湯池	금성탕지	69
九牛一毛	구우일모	59	琴瑟相和	금슬상화	69
九折羊腸	구절양장	60	琴瑟之樂	금슬지락	70
國士無雙	국사무쌍	60	今始初聞	금시초문	70
國泰民安	국태민안	60	錦衣夜行	금의야행	70
群鷄一鶴	군계일학	61	錦衣玉食	금의옥식	71
軍令泰山	군령태산	61	錦衣還鄕	금의환향	71
群盲撫象	군맹무상	61	金枝玉葉	금지옥엽	71
君臣有義	군신유의	62	氣高萬丈	기고만장	72
群雄割據	군웅할거	62	起死回生	기사회생	72
君爲臣綱	군위신강	62	奇想天外	기상천외	72
君子三樂	군자삼락	63	起承轉結	기승전결	73
屈而不信	굴이불신	63	奇巖怪石	기암괴석	73
窮餘之策	궁여지책	63	杞人之憂	기인지우	73
權謀術數	권모술수	64	幾至死境	기지사경	74
權不十年	권부십년	64	氣盡脈盡	기진맥진	74

氣稟之性 기품지성 …… 74	能書不擇筆 능서불택필 …… 84
騎虎之勢 기호지세 …… 75	能小能大 능소능대 …… 84
奇貨可居 기화가거 …… 75	
吉凶禍福 길흉화복 …… 75	**ㄷ**
	多岐亡羊 다기망양 …… 84
ㄴ	多多益善 다다익선 …… 85
落落長松 낙락장송 …… 76	多才多能 다재다능 …… 85
洛陽紙貴 낙양지귀 …… 76	斷機之敎 단기지교 …… 85
落花流水 낙화유수 …… 76	單刀直入 단도직입 …… 86
難攻不落 난공불락 …… 77	丹脣皓齒 단순호치 …… 86
爛商公論 난상공론 …… 77	簞食瓢飮 단사표음 …… 86
亂臣賊子 난신적자 …… 77	斷腸 단장 …… 87
難兄難弟 난형난제 …… 78	堂狗風月 당구풍월 …… 87
南柯一夢 남가일몽 …… 78	螳螂拒轍 당랑거철 …… 87
男負女戴 남부여대 …… 78	螳螂之斧 당랑지부 …… 88
男兒一言重千金 남아일언중천금 … 79	大驚失色 대경실색 …… 88
囊中之錐 낭중지추 …… 79	大器晩成 대기만성 …… 88
內憂外患 내우외환 …… 79	大同小異 대동소이 …… 89
內柔外剛 내유외강 …… 80	大聲痛哭 대성통곡 …… 89
怒氣衝天 노기충천 …… 80	大義滅親 대의멸친 …… 89
路柳墻花 노류장화 …… 80	大義名分 대의명분 …… 90
老馬之智 노마지지 …… 81	大慈大悲 대자대비 …… 90
勞心焦思 노심초사 …… 81	徒勞無益 도로무익 …… 90
綠林 녹림 …… 81	道不拾遺 도불습유 …… 91
綠楊芳草 녹양방초 …… 82	度外視 도외시 …… 91
綠衣紅裳 녹의홍상 …… 82	桃園結義 도원결의 …… 92
論功行賞 논공행상 …… 82	道聽塗說 도청도설 …… 92
弄假成眞 농가성진 …… 83	塗炭之苦 도탄지고 …… 92
累卵之危 누란지위 …… 83	獨不將軍 독불장군 …… 93
雷聲霹靂 뇌성벽력 …… 83	讀書三到 독서삼도 …… 93

讀書三昧	독서삼매	93
獨也靑靑	독야청청	94
同價紅裳	동가홍상	94
同苦同樂	동고동락	94
同工異曲	동공이곡	95
東頭西尾	동두서미	95
棟梁之材	동량지재	95
東問西答	동문서답	96
同病相憐	동병상련	96
東奔西走	동분서주	96
同床異夢	동상이몽	97
杜門不出	두문불출	97
得隴望蜀	득롱망촉	97
得失相半	득실상반	98
得魚忘筌	득어망전	98
得意滿面	득의만면	98
登高自卑	등고자비	99
登龍門	등용문	99
燈火可親	등화가친	99

ㅁ

馬脚露出	마각노출	100
磨斧作針	마부작침	100
馬耳東風	마이동풍	100
莫上莫下	막상막하	101
莫逆之友	막역지우	101
輓歌	만가	101
萬頃蒼波	만경창파	102
萬古不變	만고불변	102
萬古常靑	만고상청	102
萬古風霜	만고풍상	103
萬事休矣	만사휴의	103
萬壽無疆	만수무강	103
晩時之歎	만시지탄	104
滿身瘡痍	만신창이	104
萬壑千峰	만학천봉	104
萬彙群象	만휘군상	105
亡國之音	망국지음	105
忘年之交	망년지교	105
亡羊補牢	망양보뢰	106
望洋之嘆	망양지탄	106
茫然自失	망연자실	106
望雲之情	망운지정	107
妄自尊大	망자존대	107
麥秀之嘆	맥수지탄	107
孟母斷機	맹모단기	108
孟母三遷	맹모삼천	108
面從腹背	면종복배	108
滅私奉公	멸사봉공	109
明鏡止水	명경지수	109
名實相符	명실상부	109
明若觀火	명약관화	110
命在頃刻	명재경각	110
矛盾	모순	110
目不識丁	목불식정	111
目不忍見	목불인견	111
猫項懸鈴	묘항현령	111
武陵桃源	무릉도원	112
無不通知	무불통지	112
巫山之夢	무산지몽	112

無所不知 무소부지	113	反目嫉視 반목질시	122
無所不爲 무소불위	113	半生半死 반생반사	122
無用之物 무용지물	113	斑衣之戲 반의지희	123
無爲徒食 무위도식	114	反哺之孝 반포지효	123
無爲而化 무위이화	114	拔本塞源 발본색원	123
無障無碍 무장무애	114	跋扈 발호	124
墨翟之守 묵적지수	115	傍若無人 방약무인	124
刎頸之交 문경지교	115	蚌鷸之爭 방휼지쟁	124
文房四友 문방사우	115	杯盤狼藉 배반낭자	125
聞一知十 문일지십	116	背水陣 배수진	125
門前乞食 문전걸식	116	背恩忘德 배은망덕	125
門前成市 문전성시	116	杯中蛇影 배중사영	126
門前雀羅 문전작라	117	白骨難忘 백골난망	126
勿失好機 물실호기	117	百年佳約 백년가약	126
物外閒人 물외한인	117	百年大計 백년대계	127
未亡人 미망인	118	百年河淸 백년하청	127
彌縫策 미봉책	118	百年偕老 백년해로	127
美辭麗句 미사여구	118	百面書生 백면서생	128
美人薄命 미인박명	119	百聞而不如一見 백문이불여일견	128
尾生之信 미생지신	119	白眉 백미	128
美風良俗 미풍양속	119	百發百中 백발백중	129
		白髮三千丈 백발삼천장	129
		伯牙絶絃 백아절현	129
ㅂ			
博覽强記 박람강기	120	白眼視 백안시	130
博而不精 박이부정	120	白衣從軍 백의종군	130
拍掌大笑 박장대소	120	伯夷叔齊 백이숙제	130
博學多識 박학다식	121	百戰老將 백전노장	131
盤磎曲徑 반계곡경	121	百戰百勝 백전백승	131
反骨 반골	121	百折不屈 백절불굴	131
盤根錯節 반근착절	122	栢舟之操 백주지조	132

佰仲之勢 백중지세	132
百尺竿頭 백척간두	132
百八煩惱 백팔번뇌	133
繁文縟禮 번문욕례	133
病入膏肓 병입고황	133
不俱戴天之讐 불구대천지수	134
富貴榮華 부귀영화	134
富貴在天 부귀재천	134
不得要領 부득요령	135
駙馬 부마	135
夫婦有別 부부유별	135
夫爲婦綱 부위부강	136
父爲子綱 부위자강	136
父子有親 부자유친	136
父傳子傳 부전자전	137
不知其數 부지기수	137
夫唱婦隨 부창부수	137
附和雷同 부화뇌동	138
北窓三友 북창삼우	138
粉骨碎身 분골쇄신	138
憤氣沖天 분기충천	139
焚書坑儒 분서갱유	139
不可思議 불가사의	139
不顧廉恥 불고염치	140
不立文字 불립문자	140
不眠不休 불면불휴	140
不問可知 불문가지	141
不問曲直 불문곡직	141
不伐不德 불벌부덕	141
不生不死 불생불사	142
不撓不屈 불요불굴	142
不遠千里 불원천리	142
不撤晝夜 불철주야	143
不恥下問 불치하문	143
不偏不黨 불편부당	143
不學無識 불학무식	144
不惑 불혹	144
朋友有信 붕우유신	144
鵬程萬里 붕정만리	145
非夢似夢 비몽사몽	145
悲憤慷慨 비분강개	145
非僧非俗 비승비속	146
髀肉之嘆 비육지탄	146
非一非再 비일비재	146
貧者一燈 빈자일등	147
憑公營私 빙공영사	147
氷炭之間 빙탄지간	147

ㅅ

四顧無親 사고무친	148
四面楚歌 사면초가	148
事半功倍 사반공배	148
四分五裂 사분오열	149
邪不犯正 사불범정	149
事不如意 사불여의	149
沙上樓閣 사상누각	150
四書三經 사서삼경	150
似而非 사이비	150
獅子吼 사자후	151
蛇足 사족	151

四知 사지	151	善男善女 선남선녀	161
四通五達 사통오달	152	先始於隗 선시어외	162
事必歸正 사필귀정	152	先卽制人 선즉제인	162
四海兄弟 사해형제	152	仙風道骨 선풍도골	162
死後藥方文 사후약방문	153	舌芒於劍 설망어검	163
山紫水明 산자수명	153	雪膚花容 설부화용	163
山戰水戰 산전수전	153	雪上加霜 설상가상	163
山海珍味 산해진미	154	說往說來 설왕설래	164
殺身成仁 살신성인	154	纖纖玉手 섬섬옥수	164
三綱五倫 삼강오륜	154	盛者必衰 성자필쇠	164
三顧草廬 삼고초려	155	誠中形外 성중형외	165
三旬九食 삼순구식	155	世俗五戒 세속오계	165
三十六計走爲上計 삼십육계주위상계	155	歲寒三友 세한삼우	165
三人成虎 삼인성호	156	小心翼翼 소심익익	166
三日遊街 삼일유가	156	騷人墨客 소인묵객	166
三從之道 삼종지도	156	小人輩 소인배	166
三尺童子 삼척동자	157	小貪大失 소탐대실	167
三遷之敎 삼천지교	157	束手無策 속수무책	167
喪家之狗 상가지구	157	送舊迎新 송구영신	167
傷弓之鳥 상궁지조	158	宋襄之仁 송양지인	168
上漏下濕 상루하습	158	首丘初心 수구초심	168
桑田碧海 상전벽해	158	壽福康寧 수복강녕	168
上通下達 상통하달	159	手不釋卷 수불석권	169
塞翁得失 새옹득실	159	首鼠兩端 수서양단	169
塞翁之馬 새옹지마	159	修身齊家 수신제가	169
生者必滅 생자필멸	160	水魚之交 수어지교	170
胥動浮言 서동부언	160	水滴穿石 수적천석	170
西施矉目 서시빈목	160	守株待兎 수주대토	170
先見之明 선견지명	161	壽則多辱 수즉다욕	171
先公後私 선공후사	161	宿虎衝鼻 숙호충비	171

脣亡齒寒 순망치한	171	安貧樂道 안빈낙도	181
脣齒之勢 순치지세	172	安身立命 안신입명	181
乘勝長驅 승승장구	172	眼中之釘 안중지정	181
是是非非 시시비비	172	眼下無人 안하무인	182
始終如一 시종여일	173	暗中摸索 암중모색	182
始終一貫 시종일관	173	哀乞伏乞 애걸복걸	182
食少事煩 식소사번	173	曖昧模糊 애매모호	183
食言 식언	174	愛之重之 애지중지	183
識字憂患 식자우환	174	藥房甘草 약방감초	183
信賞必罰 신상필벌	174	弱肉强食 약육강식	184
身言書判 신언서판	175	弱者先手 약자선수	184
信之無疑 신지무의	175	良禽擇木 양금택목	184
身體髮膚 신체발부	175	羊頭狗肉 양두구육	185
神出鬼沒 신출귀몰	176	梁上君子 양상군자	185
身土不二 신토불이	176	良藥苦口 양약고구	185
實事求是 실사구시	176	兩者擇一 양자택일	186
深思熟考 심사숙고	177	養虎遺患 양호유환	186
深山幽谷 심산유곡	177	魚東肉西 어동육서	186
心心相印 심심상인	177	魚頭肉尾 어두육미	187
十伐之木 십벌지목	178	魚魯不辨 어로불변	187
十匙一飯 십시일반	178	漁父之利 어부지리	187
十中八九 십중팔구	178	語不成說 어불성설	188
		億兆蒼生 억조창생	188

ㅇ

阿鼻叫喚 아비규환	179	言語道斷 언어도단	188
阿諛苟容 아유구용	179	言中有骨 언중유골	189
我田引水 아전인수	179	掩耳盜鈴 엄이도령	189
惡戰苦鬪 악전고투	180	嚴妻侍下 엄처시하	189
眼高手卑 안고수비	180	餘桃之罪 여도지죄	190
安分知足 안분지족	180	如履薄氷 여리박빙	190
		與民同樂 여민동락	190

女必從夫 여필종부	191	完璧 완벽	201
逆鱗 역린	191	曰可曰否 왈가왈부	201
易地思之 역지사지	191	外柔內剛 외유내강	201
戀慕之情 연모지정	192	樂山樂水 요산요수	202
緣木求魚 연목구어	192	窈窕淑女 요조숙녀	202
連戰連勝 연전연승	192	搖之不動 요지부동	202
煙霞痼疾 연하고질	193	龍頭蛇尾 용두사미	203
炎涼世態 염량세태	193	龍尾鳳湯 용미봉탕	203
拈華微笑 염화미소	193	龍盤虎踞 용반호거	203
榮枯盛衰 영고성쇠	194	龍蛇飛騰 용사비등	204
五穀百果 오곡백과	194	用意周到 용의주도	204
五里霧中 오리무중	194	用錢如水 용전여수	204
傲慢無禮 오만무례	195	龍虎相搏 용호상박	205
傲慢不遜 오만불손	195	愚公移山 우공이산	205
寤寐不忘 오매불망	195	雨順風調 우순풍조	205
吾鼻三尺 오비삼척	196	迂餘曲折 우여곡절	206
烏飛梨落 오비이락	196	右往左往 우왕좌왕	206
烏飛兎走 오비토주	196	優柔不斷 우유부단	206
傲霜孤節 오상고절	197	牛耳讀經 우이독경	207
五十步百步 오십보백보	197	羽化登仙 우화등선	207
吳越同舟 오월동주	197	雨後竹筍 우후죽순	207
吳下阿蒙 오하아몽	198	旭日昇天 욱일승천	208
烏合之衆 오합지중	198	雲上氣稟 운상기품	208
玉骨仙風 옥골선풍	198	運籌帷幄 운주유악	208
屋上架屋 옥상가옥	199	遠交近攻 원교근공	209
玉石俱焚 옥석구분	199	怨入骨髓 원입골수	209
玉石混淆 옥석혼효	199	遠禍召福 원화소복	209
溫故知新 온고지신	200	月下氷人 월하빙인	210
蝸角之爭 와각지쟁	200	危機一髮 위기일발	210
臥薪嘗膽 와신상담	200	韋編三絕 위편삼절	210

有口無言 유구무언	211	以心傳心 이심전심	221
類萬不同 유만부동	211	易如反掌 이여반장	221
有名無實 유명무실	211	以熱治熱 이열치열	221
流芳百世 유방백세	212	利用厚生 이용후생	222
有備無患 유비무환	212	二人同心 이인동심	222
有象無象 유상무상	212	二律背反 이율배반	222
有始有終 유시유종	213	泥田鬪狗 이전투구	223
唯我獨尊 유아독존	213	李下不整冠 이하부정관	223
有耶無耶 유야무야	213	離合集散 이합집산	223
流言蜚語 유언비어	214	因果應報 인과응보	224
類類相從 유유상종	214	人面獸心 인면수심	224
悠悠自適 유유자적	214	人命在天 인명재천	224
有終之美 유종지미	215	人非木石 인비목석	225
殷鑑不遠 은감불원	215	人生無常 인생무상	225
隱忍自重 은인자중	215	人生如朝露 인생여조로	225
乙丑甲子 을축갑자	216	因人成事 인인성사	226
淫談悖說 음담패설	216	仁者無敵 인자무적	226
陰德陽報 음덕양보	216	人之常情 인지상정	226
吟風弄月 음풍농월	217	一擧兩得 일거양득	227
泣斬馬謖 읍참마속	217	日居月諸 일거월제	227
意氣銷沈 의기소침	217	一擧一動 일거일동	227
意氣揚揚 의기양양	218	一騎當千 일기당천	228
意氣衝天 의기충천	218	一刀兩斷 일도양단	228
意味深長 의미심장	218	一望無際 일망무제	228
疑心生暗鬼 의심생암귀	219	一網打盡 일망타진	229
以管窺天 이관규천	219	一脈相通 일맥상통	229
異口同聲 이구동성	219	一鳴驚人 일명경인	229
二桃殺三士 이도살삼사	220	日暮途遠 일모도원	230
履薄臨深 이박임심	220	一目瞭然 일목요연	230
以實直告 이실직고	220	一罰百戒 일벌백계	230

一步不讓	일보불양 …………… 231		
一絲不亂	일사불란 …………… 231	**ㅈ**	
一瀉千里	일사천리 …………… 231	自家撞着	자가당착 …………… 241
一石二鳥	일석이조 …………… 232	自强不息	자강불식 …………… 241
一視同仁	일시동인 …………… 232	自激之心	자격지심 …………… 241
一魚濁水	일어탁수 …………… 232	自問自答	자문자답 …………… 242
一言半句	일언반구 …………… 233	自手成家	자수성가 …………… 242
一言之下	일언지하 …………… 233	自繩自縛	자승자박 …………… 242
一葉片舟	일엽편주 …………… 233	自業自得	자업자득 …………… 243
一以貫之	일이관지 …………… 234	自中之亂	자중지란 …………… 243
一日三秋	일일삼추 …………… 234	自初至終	자초지종 …………… 243
一字無識	일자무식 …………… 234	自暴自棄	자포자기 …………… 244
一字千金	일자천금 …………… 235	自畵自讚	자화자찬 …………… 244
一場春夢	일장춘몽 …………… 235	作心三日	작심삼일 …………… 244
一陣狂風	일진광풍 …………… 235	張三李四	장삼이사 …………… 245
日進月步	일진월보 …………… 236	才勝德薄	재승덕박 …………… 245
一進一退	일진일퇴 …………… 236	才子佳人	재자가인 …………… 245
一觸卽發	일촉즉발 …………… 236	賊反荷杖	적반하장 …………… 246
一寸光陰	일촌광음 …………… 237	赤手空拳	적수공권 …………… 246
日就月將	일취월장 …………… 237	適材適所	적재적소 …………… 246
一波萬波	일파만파 …………… 237	積塵成山	적진성산 …………… 247
一敗塗地	일패도지 …………… 238	電光石火	전광석화 …………… 247
一片丹心	일편단심 …………… 238	前代未聞	전대미문 …………… 247
一筆揮之	일필휘지 …………… 238	前途洋洋	전도양양 …………… 248
一攫千金	일확천금 …………… 239	前道遼遠	전도요원 …………… 248
一喜一悲	일희일비 …………… 239	前途有望	전도유망 …………… 248
臨渴掘井	임갈굴정 …………… 239	前無後無	전무후무 …………… 249
臨機應變	임기응변 …………… 240	戰戰兢兢	전전긍긍 …………… 249
臨時方便	임시방편 …………… 240	輾轉反側	전전반측 …………… 249
臨戰無退	임전무퇴 …………… 240	前程萬里	전정만리 …………… 250
		轉禍爲福	전화위복 …………… 250

切磋琢磨 절차탁마	250
切齒腐心 절치부심	251
漸入佳境 점입가경	251
頂門一鍼 정문일침	251
精而不博 정이불박	252
井中之蝸 정중지와	252
諸行無常 제행무상	252
糟糠之妻 조강지처	253
朝令暮改 조령모개	253
朝聞夕死 조문석사	253
朝變夕改 조변석개	254
朝三暮四 조삼모사	254
棗栗梨柿 조율이시	254
鳥足之血 조족지혈	255
縱橫無盡 종횡무진	255
左顧右眄 좌고우면	255
坐不安席 좌불안석	256
坐井觀天 좌정관천	256
左之右之 좌지우지	256
左衝右突 좌충우돌	257
主客一體 주객일체	257
主客顚倒 주객전도	257
晝耕夜讀 주경야독	258
走馬加鞭 주마가편	258
走馬看山 주마간산	258
酒池肉林 주지육림	259
竹馬故友 죽마고우	259
衆寡不敵 중과부적	259
衆口難防 중구난방	260
重言復言 중언부언	260
知己之友 지기지우	260
指鹿爲馬 지록위마	261
支離滅裂 지리멸렬	261
至誠感天 지성감천	261
知足不辱 지족불욕	262
遲遲不進 지지부진	262
知彼知己 지피지기	262
指呼之間 지호지간	263
珍羞盛饌 진수성찬	263
進退兩難 진퇴양난	263
進退維谷 진퇴유곡	264
嫉逐排斥 질축배척	264

ㅊ

此日彼日 차일피일	265
創業守成 창업수성	265
倉卒之間 창졸지간	265
滄海一粟 창해일속	266
天高馬肥 천고마비	266
千苦萬難 천고만난	266
千慮一得 천려일득	267
千慮一失 천려일실	267
千里眼 천리안	267
天方地軸 천방지축	268
天生配匹 천생배필	268
天生緣分 천생연분	268
千辛萬苦 천신만고	269
天涯地角 천애지각	269
天壤之差 천양지차	269
天壤懸隔 천양현격	270

天佑神助 천우신조	270
天恩罔極 천은망극	270
天泣地哀 천읍지애	271
天衣無縫 천의무봉	271
天人共怒 천인공노	271
千紫萬紅 천자만홍	272
千載一遇 천재일우	272
天災地變 천재지변	272
天井不知 천정부지	273
天地神明 천지신명	273
天眞爛漫 천진난만	273
天眞無垢 천진무구	274
千差萬別 천차만별	274
千村萬落 천촌만락	274
千篇一律 천편일률	275
天下無敵 천하무적	275
天下泰平 천하태평	275
淺學菲才 천학비재	276
徹頭徹尾 철두철미	276
鐵面皮 철면피	276
徹天之讐 철천지수	277
徹天之冤 철천지원	277
疊疊山中 첩첩산중	277
青山流水 청산유수	278
青雲之志 청운지지	278
聽而不聞 청이불문	278
青天白日 청천백일	279
青天霹靂 청천벽력	279
青出於藍 청출어람	279
清風明月 청풍명월	280

樵童汲婦 초동급부	280
草露人生 초로인생	280
焦眉之急 초미지급	281
初志一貫 초지일관	281
寸鐵殺人 촌철살인	281
秋風落葉 추풍낙엽	282
春蛙秋蟬 춘와추선	282
春雉自鳴 춘치자명	282
出嫁外人 출가외인	283
出沒無雙 출몰무쌍	283
出將入相 출장입상	283
忠言逆耳 충언역이	284
取捨選擇 취사선택	284
醉生夢死 취생몽사	284
惻隱之心 측은지심	285
痴人說夢 치인설몽	285
置之度外 치지도외	285
七去之惡 칠거지악	286
七顚八起 칠전팔기	286
七顚八倒 칠전팔도	286
七縱七擒 칠종칠금	287
針小棒大 침소봉대	287

ㅋ

快刀亂麻 쾌도난마	288

ㅌ

他山之石 타산지석	289
卓上空論 탁상공론	289
貪官汚吏 탐관오리	289

泰然自若 태연자약 ………… 290
泰山北斗 태산북두 ………… 290
太平烟月 태평연월 ………… 290
兎死狗烹 토사구팽 ………… 291
推敲 퇴고 ……………………… 291

ㅍ

破鏡 파경 ……………………… 292
波瀾曲折 파란곡절 ………… 292
波瀾萬丈 파란만장 ………… 292
波瀾重疊 파란중첩 ………… 293
破邪顯正 파사현정 ………… 293
破顔大笑 파안대소 ………… 293
破竹之勢 파죽지세 ………… 294
八方美人 팔방미인 ………… 294
敗家亡身 패가망신 ………… 294
烹頭耳熟 팽두이숙 ………… 295
平沙落雁 평사낙안 ………… 295
抱腹絶倒 포복절도 ………… 295
飽食暖衣 포식난의 ………… 296
暴虎馮河 포호빙하 ………… 296
表裏不同 표리부동 ………… 296
風磨雨洗 풍마우세 ………… 297
風聲鶴唳 풍성학려 ………… 297
風樹之嘆 풍수지탄 ………… 297
風前燈火 풍전등화 ………… 298
風餐露宿 풍찬노숙 ………… 298
皮骨相接 피골상접 ………… 298
皮骨相接 피골상접 ………… 299
匹夫之勇 필부지용 ………… 299

匹夫匹婦 필부필부 ………… 299

ㅎ

下石上臺 하석상대 ………… 300
鶴首苦待 학수고대 ………… 300
涸轍鮒魚 학철부어 ………… 300
邯鄲之夢 한단지몽 ………… 301
邯鄲之步 한단지보 ………… 301
汗牛充棟 한우충동 ………… 301
閒中眞味 한중진미 ………… 302
緘口無言 함구무언 ………… 302
含憤充怨 함분충원 ………… 302
含哺鼓腹 함포고복 ………… 303
咸興差使 함흥차사 ………… 303
偕老同穴 해로동혈 ………… 303
解語之花 해어지화 ………… 304
行動擧止 행동거지 ………… 304
虛禮虛飾 허례허식 ………… 304
虛無孟浪 허무맹랑 ………… 305
虛送歲月 허송세월 ………… 305
虛心坦懷 허심탄회 ………… 305
虛張聲勢 허장성세 ………… 306
懸梁刺股 현량자고 ………… 306
賢母良妻 현모양처 ………… 306
玄裳縞衣 현상호의 ………… 307
懸河之辯 현하지변 ………… 307
孑孑單身 혈혈단신 ………… 307
孑孑無依 혈혈무의 ………… 308
螢雪之功 형설지공 ………… 308
狐假虎威 호가호위 ………… 308

糊口之策 호구지책 ………… 309	橫說竪設 횡설수설 ………… 319
好事多魔 호사다마 ………… 309	後生可畏 후생가외 ………… 319
虎視眈眈 호시탐탐 ………… 309	後悔莫及 후회막급 ………… 319
豪言壯談 호언장담 ………… 310	喜怒哀樂 희로애락 ………… 320
浩然之氣 호연지기 ………… 310	喜色滿面 희색만면 ………… 320
好衣好食 호의호식 ………… 310	喜喜樂樂 희희낙락 ………… 320
胡蝶之夢 호접지몽 ………… 311	
呼兄呼弟 호형호제 ………… 311	
惑世誣民 혹세무민 ………… 311	
魂飛魄散 혼비백산 ………… 312	
渾然一體 혼연일체 ………… 312	
昏定晨省 혼정신성 ………… 312	
忽顯忽沒 홀현홀몰 ………… 313	
紅東白西 홍동백서 ………… 313	
弘益人間 홍익인간 ………… 313	
紅一點 홍일점 ……………… 314	
畵龍點睛 화룡점정 ………… 314	
畵蛇添足 화사첨족 ………… 314	
華胥之夢 화서지몽 ………… 315	
花朝月夕 화조월석 ………… 315	
畵中之餠 화중지병 ………… 315	
和風暖陽 화풍난양 ………… 316	
畵虎類狗 화호유구 ………… 316	
換骨奪胎 환골탈태 ………… 316	
鰥寡孤獨 환과고독 ………… 317	
歡呼雀躍 환호작약 ………… 317	
惶恐無地 황공무지 ………… 317	
荒唐無稽 황당무계 ………… 318	
膾炙人口 회자인구 ………… 318	
會者定離 회자정리 ………… 318	

呵呵大笑
가가대소

너무 우스워서 한바탕 크게 껄껄 웃는 것을 뜻한다.

[예문] 아이들의 천진한 대답에 선생님은 가가대소하셨다.

呵 꾸짖을 가 | 大 큰 대 | 笑 웃음 소

家家戶戶
가가호호

집집마다 혹은 한 집 한 집마다, 모든 집의 뜻으로 사용된다.

[예문] 추운 겨울을 맞아 독거노인들을 위한 각종 난방용품이 가가호호 전달될 예정이다.

家 집 가 | 戶 지게 호

街談巷說
가담항설

길거리나 항간에 떠돌아다니는 소문을 뜻한다.

[예문] 가담항설에 그치고 말지 아니면 사실로 밝혀질지 좀더 지켜봐야 한다.

街 거리 가 | 談 말씀 담 | 巷 거리 항 | 說 말씀 설

苛斂誅求 가렴주구

세금 등을 가혹하게 징수하거나 백성들의 재물을 억지로 빼앗는 것을 뜻한다.

[예문] 그 왕은 가렴주구로 백성들의 원성을 샀다.

苛 매울 가 | 斂 거둘 렴 | 誅 벨 주 | 求 구할 구

佳人薄命 가인박명

아름다운 여자는 명이 짧다는 말로 여자가 너무 아름다우면 그 운명이 박복하다는 뜻이다.

[예문] 그녀는 너무 아름다운 용모로 일찍 세상을 떠서 가인박명이란 꼬리표가 늘 따라다닌다.

佳 아름다울 가 | 人 사람 인 | 薄 엷을 박 | 命 목숨 명

苛政猛於虎 가정맹어호

가혹한 정치는 호랑이보다 더 무섭다는 뜻으로, 그릇된 정치의 폐단을 말할 때 자주 사용한다.

[예문] 가정맹어호의 뜻을 다시금 되새겨 국민들이 진정 원하는 것이 무엇인지 살펴야 한다.

苛 매울 가 | 政 정사 정 | 猛 사나울 맹 | 於 어조사 어 | 虎 호랑이 호

家和萬事成
가화만사성

집안이 화목하면 만사가 순조롭게 잘 풀려 나간다는 뜻이다.

[예문] 우리 집의 가훈은 가화만사성이다.

家 집 가 | 和 화할 화 | 萬 일만 만 | 事 일 사 | 成 이룰 성

刻骨難忘
각골난망

은혜를 입은 고마움이 마음깊이 새겨져서 잊혀지지 않음을 뜻한다.

[예문] 그는 선생님에게 각골난망하겠다며 눈물을 흘려 감사를 표시했다.

刻 새길 각 | 骨 뼈 골 | 難 어려울 난 | 忘 잊을 망

刻骨銘心
각골명심

뼈에 새기고 마음에 새긴다는 말로 어떤 것을 마음속 깊이 새겨둠을 일컫는다.

[예문] 그의 희생은 헛되지 않고 후세들에게 각골명심하게 했다.

刻 새길 각 | 骨 뼈 골 | 銘 새길 명 | 心 마음 심

刻骨痛恨
각골통한

원한이 뼈에 사무쳐 잊혀지지 않고 마음 속 깊이 맺혀 있는 것을 뜻한다.

[예문] 그의 갑작스런 원통한 죽음으로 가족들은 각골통한했다.

刻 새길 **각** | 骨 뼈 **골** | 痛 아플 **통** | 恨 한 **한**

刻舟求劍
각주구검

배에 표시를 해서 강에 빠진 칼을 찾는다는 뜻으로 미련하고 융통성이 없음을 나타낸다.

[예문] 몇몇 사람들의 각주구검한 행동이 비웃음을 불러 일으켰다.

刻 새길 **각** | 舟 배 **주** | 求 구할 **구** | 劍 칼 **검**

艱難辛苦
간난신고

갖은 고초를 겪어 몹시 힘들고 괴로운 것을 뜻한다.

[예문] 그 가족은 간난신고 끝에 드디어 남한 땅을 밟게 되었다.

艱 어려울 **간** | 難 어려울 **난** | 辛 매울 **신** | 苦 쓸 **고**

肝腦塗地
간뇌도지

참혹한 죽음을 당해 간과 뇌가 땅에 으깨어졌다는 말로 여지없이 패함, 나라를 위해 목숨을 돌보지 않고 충성을 다한다는 뜻이다.

[예문] 전장에서 보여준 그의 간뇌도지가 결코 헛되지는 않을 것이다.

肝 간 **간** | **腦** 골·뇌수 **뇌** | **塗** 칠할·길 **도** | **地** 따 **지**

肝膽相照
간담상조

간과 쓸개를 서로 꺼내 보인다는 말로, 서로 마음을 터놓고 지내는 절친한 사이라는 뜻이다.

[예문] 나는 간담상조라는 말이 딱 어울리는 좋은 친구가 세 명이나 있다.

肝 간 **간** | **膽** 쓸개 **담** | **相** 서로 **상** | **照** 비출 **조**

渴而穿井
갈이천정

목이 말라야 우물을 판다는 말로 미리 준비하지 않고 때가 닥쳐서야 뒤늦게 준비한다는 뜻이다.

[예문] 갈이천정하는 습관을 들이면 언젠가 크게 후회하는 날이 올 것이다.

渴 목마를 **갈** | **而** 말이을 **이** | **穿** 뚫을 **천** | **井** 우물 **정**

感慨無量
감개무량

아무 말도 하지 못할 정도로 가슴 가득히 절실히 느낌, 혹은 그 느낌이 한이 없음을 뜻한다.

[예문] 그녀는 감개무량에 말을 잇지 못했다.

感 느낄 **감** | 慨 슬퍼할 **개** | 無 없을 **무** | 量 헤아릴 **량**

甘言利說
감언이설

남의 비위에 맞도록 꾸민 달콤한 말과 이로운 조건을 붙여 꾀는 말을 뜻한다.

[예문] 그는 결국 감언이설에 속아 자신의 전 재산을 모두 날려 버렸다.

甘 달 **감** | 言 말씀 **언** | 利 이로울 **이** | 說 말씀 **설**

感之德之
감지덕지

감사하게 생각하고 덕으로 여긴다는 말로 몹시 고맙게 여기는 것을 뜻한다.

[예문] 생각지도 못한 회사 측의 제안에 그의 가족들은 감지덕지했다.

感 느낄 **감** | 之 갈 **지** | 德 덕 **덕** | 之 어조사 **지**

甘吞苦吐
감탄고토

사리에 옳고 그름에 상관없이 자기 비위에 맞으면 좋아하고, 맞지 않으면 싫어하는 것을 뜻한다.

[예문] 감탄고토하지 말고 누구의 말이 가장 옳고 정당한지 살펴야 한다.

甘 달 **감** | **吞** 삼킬 **탄** | **苦** 쓸 **고** | **吐** 토할 **토**

甲男乙女
갑남을녀

갑이라는 남자와 을이라는 여자라는 말로 보통의 평범한 사람들을 뜻한다.

[예문] 이번 설문조사는 수도권 지역의 갑남을녀를 대상으로 했다.

甲 천간 **갑** | **男** 사내 **남** | **乙** 천간 **을** | **女** 계집 **녀**

甲論乙駁
갑론을박

갑이 논하면 을이 논박한다는 뜻으로 서로 자기의 주장을 세우고 남의 주장을 반박하는 것을 뜻한다.

[예문] 이번 토론회에서는 생각보다 열띤 갑론을박이 펼쳐졌다.

甲 천간 **갑** | **論** 말할 **론** | **乙** 천간 **을** | **駁** 그릇될 **박**

康衢煙月 강구연월

강구는 사람의 왕래가 많은 거리, 연월은 연기가 나고 달빛이 비친다는 말로, 태평한 세상의 평화로운 모습을 뜻한다.

[예문] 강구연월한 이 모습이 언제까지 계속될는지 걱정이다.

康 편안 **강** | 衢 네거리 **구** | 煙 연기 **연** | 月 달 **월**

姜太公 강태공

낚시꾼, 또는 '세월을 기다리는 사람'이란 뜻으로 자주 쓰인다.

[예문] 조급하게 생각해 봤자 소용없는 일이니 강태공의 심정으로 차분히 결과를 기다리자.

姜 성 **강** | 太 클 **태** | 公 공평할 **공**

江湖煙波 강호연파

강이나 호수 위에 안개처럼 뽀얗게 이는 잔물결, 혹은 산수의 아름다운 경치를 뜻한다.

[예문] 산정호수에 갔더니 강호연파란 말이 무엇인지 알 수 있겠더라.

江 강 **강** | 湖 호수 **호** | 煙 연기 **연** | 波 물결 **파**

改過遷善 개과천선

지난 과오를 뉘우치고 새롭게 착한 사람이 된다는 뜻이다.

[예문] 그렇게 말썽만 부리던 네가 이렇게 개과천선한 모습으로 나타날 줄이야.

改 고칠 개 | 過 지날·허물 과 | 遷 옮길 천 | 善 착할·잘할 선

蓋棺事定 개관사정

관 뚜껑을 덮고 일을 정하게 된다는 뜻으로, 죽고 난 후에야 올바르고 정당한 평가를 할 수 있다는 뜻이다.

[예문] 개관사정이라 했으니 지금 그에게 쏟아지는 찬사는 시간이 지나 봐야 정당한 것인지 알 수 있으리라.

蓋 덮을 개 | 棺 널 관 | 事 일 사 | 定 정할 정

改善匡正 개선광정

새롭게 고치고 좋은 방향으로 바로잡음을 뜻한다.

[예문] 나라의 대표로 선출된 그의 개선광정은 온 국민의 지지를 받았다.

改 고칠 개 | 善 착할 선 | 匡 바룰 광 | 正 바를 정

蓋世之才 개세지재

세상을 자기 마음대로 다스릴 만한 뛰어난 재주를 뜻한다.

예문 대표팀은 이번 국제대회에서 개세지재의 능력을 펼쳐 보여 감탄을 자아냈다.

蓋 덮을 **개** | 世 세상 **세** | 之 어조사 **지** | 才 재능 **재**

客反爲主 객반위주

손님이 오히려 주인 행세를 한다는 뜻으로 주객이 뒤바뀜을 뜻하는 말이다.

예문 자기 집인 양 객반위주로 행동하는 모습이 황당하기 그지없구나.

客 손 **객** | 反 돌이킬·돌이올 **반** | 爲 할 **위** | 主 임금·주인 **주**

去頭截尾 거두절미

앞뒤의 자질구레한 사설을 빼놓고 요점만을 말하는 것을 뜻한다. 또는 앞뒤를 생략하고 곧장 본론을 말할 때 사용한다.

예문 도대체 무슨 말씀을 하시는 건지 모르겠습니다. 거두절미하고 정확히 말씀해 주십시오.

去 갈 **거** | 頭 머리 **두** | 截 끊을 **절** | 尾 꼬리 **미**

居安思危
거안사위

아무 사고 없이 편안히 지낼 때 앞으로 닥쳐올 위태로움을 생각하고 미리미리 대비하는 것을 뜻한다.

[예문] 당장 문제가 없다고 하지만 언제나 거안사위의 자세로 미래를 준비해야 한다.

居 있을 거 | 安 편안할 안 | 思 생각 사 | 危 위태로울 위

擧案齊眉
거안제미

밥상을 눈썹 높이로 들어 공손히 남편에게 가져간다는 말로 아내가 남편을 공경하는 것을 뜻한다.

[예문] 거안제미는 아내에게만 요구되는 덕목은 아니다. 부부는 서로 존중하고 공경해야 한다.

擧 들 거 | 案 책상 안 | 齊 가지런할 제 | 眉 눈썹 미

去者日疎
거자일소

죽은 사람은 세월이 지나 갈수록 점점 기억에서 잊게 된다는 뜻이다.

[예문] 그가 떠난 지 10여 년이 지나 기억에서 가물가물하니 거자일소란 말이 틀리지 않았구나.

去 갈 거 | 者 놈 자 | 日 해 일 | 疎 트일 소

去者必反
거자필반

떠나간(헤어진) 사람은 언젠가는 반드시 돌아오게 된다는 말로, 헤어짐을 아쉬워하며 사용하는 말이다.

예문: 그녀가 떠난다고 슬퍼하지 마라. 거자필반이라 했으니 훗날을 기약하자.

去 갈 거 | 者 놈 자 | 必 반드시 필 | 反 되돌릴 반

乾坤一擲
건곤일척

천하를 걸고 주사위를 한 번 던진다는 말로, 운명과 흥망을 단판으로 승부를 겨룬다는 뜻이다.

예문: 두 사람이 기필코 결판을 내겠다며 다짐하자 사람들은 건곤일척의 승부를 기대했다.

乾 하늘 건 | 坤 땅 곤 | 一 한 일 | 擲 던질 척

格物致知
격물치지

사물의 이치를 근거로 하여 지식을 명확히 한다는 뜻이다.

예문: 경쟁이 심하고 비리가 판치는 세상일수록 격물치지의 자세가 요구된다.

格 바로잡을 격 | 物 만물 물 | 致 이를 치 | 知 알 지

隔世之感 격세지감

세상이 바뀌어 다른 세상, 다른 세대가 된 듯한 느낌을 받을 때를 뜻하는 말로 많은 변화를 느낄 때 사용한다.

[예문] 어느덧 벌써 사회인이 된 제자를 보니 격세지감이라는 말이 실감난다.

隔 사이뜰 격 | 世 세상 세 | 之 어조사 지 | 感 느낄 감

隔靴搔癢 격화소양

신을 신은 채 가려운 발바닥을 긁는다는 말로 핵심을 찌르지 못하고 겉핥기만 할 때, 또는 답답해 안타까울 때를 뜻한다.

[예문] 수박 겉핥기식인 격화소양의 자세로는 네가 목적한 바를 이루지 못할 것이다.

隔 사이뜰 격 | 靴 신 화 | 搔 긁을 소 | 癢 가려울 양

牽强附會 견강부회

억지로 사리에 맞지 않는 말을 끌어 붙여 자기가 주장하는 바에 맞도록 하는 것을 뜻한다.

[예문] 그런 견강부회로는 단 한 사람의 지지도 얻지 못할 것이다.

牽 끌 견 | 强 굳셀 강 | 附 붙을 부 | 會 모일 회

見利忘義
견리망의

이익을 보면 탐욕에 눈이 멀어 의리를 잊는다는 뜻이다.

[예문] 견리망의하다가는 네 주변에 진실한 친구가 한 사람도 남아 있지 않을 것이다.

見 볼 견 | 利 이할 리 | 忘 잊을 망 | 義 옳을 의

見利思義
견리사의

이익을 보면 의리를 생각한다는 말로 이익을 보면 그것이 의리에 맞는가를 먼저 생각해야 한다는 뜻이다.

[예문] 견리사의하는 자세가 진실한 친구를 만드는 최고의 방법이다.

見 볼 견 | 利 날카로울 리 | 思 생각할 사 | 義 옳을 의

犬馬之勞
견마지로

개나 말의 하찮은 수고라는 말로 자기의 노력을 낮추어 이르는 말이다. 또는 임금이나 나라에 충성을 다하는 노력을 뜻한다.

[예문] 그는 견마지로하기로 굳게 결심하고 장군 옆에 남기로 했다.

犬 개 견 | 馬 말 마 | 之 어조사 지 | 勞 일할 로

犬馬之誠 (견마지성)

임금이나 나라에 진심으로 바치는 정성 혹은 자기의 정성을 낮추어 아주 겸손하게 일컫는 말이다.

[예문] 나의 견마지성이라도 필요하다고 하시면 언제든 함께 하도록 하겠습니다.

犬 개 **견** | 馬 말 **마** | 之 어조사 **지** | 誠 정성 **성**

見蚊拔劍 (견문발검)

대단치 않은 일임에도 쓸데없이 크게 화를 내는 사람을 가리키는 말이다.

[예문] 걸핏하면 견문발검하는 그의 습관은 마음에는 물론 몸의 건강에도 좋지 않을 것이다.

見 볼 **견** | 蚊 모기 **문** | 拔 뺄 **발** | 劍 칼 **검**

見物生心 (견물생심)

물건을 보고 소유하고 싶은 욕심이 생기는 것을 말한다.

[예문] 견물생심이라고 했으니 늘 마음을 비우고 살아야 한다.

見 볼 **견** | 物 만물 **물** | 生 날 **생** | 心 마음 **심**

堅如金石
견여금석

그 굳기 정도가 금이나 돌과 같이 단단함을 일컫는 말이다.

[예문] 그녀를 향한 그의 마음은 견여금석과도 같다.

堅 굳을 **견** | 如 같을 **여** | 金 쇠 **금** | 石 돌 **석**

犬猿之間
견원지간

개와 원숭이의 사이처럼 아주 사이가 나쁜 관계를 가리킨다.

[예문] 둘은 어찌나 아옹다옹하는지 견원지간이라고 해도 과장이 아니다.

犬 개 **견** | 猿 원숭이 **원** | 之 갈 **지** | 間 사이 **간**

見危授命
견위수명

나라가 위태로움에 처하게 되면 나라를 위해 목숨을 바친다는 뜻이다.

[예문] 젊은이들이 위험에 처한 나라를 위해 견위수명의 자세로 함께 하기로 했다.

見 볼 **견** | 危 위태할 **위** | 授 줄 **수** | 命 목숨 **명**

堅忍不拔
견인불발

굳게 참고 견디어내서 마음이 흔들리지 않음을 뜻한다.

[예문] 어려운 시기일수록 견인불발의 의지력으로 힘을 모아야 한다.

堅 굳을 **견** | 忍 참을 **인** | 不 아니 **불** | 拔 뺄 **발**

犬兎之爭
견토지쟁

개와 토끼의 싸움이라는 말로 개와 토끼가 서로 쫓고 쫓으며 싸우다 나중에는 둘 다 지쳐 죽어 제삼자가 이익을 본다는 뜻이다.

[예문] 결국 견토지쟁으로 인해 이 싸움과는 아무런 상관도 없는 이익단체가 득을 보게 생겼다.

犬 개 **견** | 兎 토끼 **토** | 之 어조사 **지** | 爭 싸울 **쟁**

結者解之
결자해지

맺은 사람이 풀어야 한다는 말로 일을 시작한 사람이 끝을 맺어야 한다는 뜻이다.

[예문] 누가 시작했는지 밝혀내어 결자해지하도록 해라.

結 맺을 **결** | 者 놈 **자** | 解 풀 **해** | 之 어조사 **지**

結草報恩
결초보은

풀을 엮어서 은혜를 갚는다는 말로 살아생전에 은혜를 갚지 못하면 죽어 혼령이 되어서라도 갚는다는 뜻이다.

[예문] 이렇게까지 큰 도움을 주시다니 결초보은할 것을 약속드립니다.

結 맺을 결 | 草 풀·거칠·초잡을 초 | 報 갚을·알릴 보 | 恩 은혜 은

謙讓之德
겸양지덕

겸손하게 사양하는 미덕을 뜻한다.

[예문] 그는 뛰어난 능력을 가졌을 뿐만 아니라 겸양지덕의 마음도 갖추고 있는 훌륭한 사람이다.

謙 겸손할 겸 | 讓 사양할 양 | 之 어조사 지 | 德 덕 덕

兼人之勇
겸인지용

혼자서 몇 사람을 상대할 만한 용기를 말한다.

[예문] 그의 겸인지용은 십만 대군 앞에서도 위풍당당해 보이게 한다.

兼 겸할 겸 | 人 사람 인 | 之 갈 지 | 勇 날쌜 용

輕擧妄動
경거망동

가볍고 망령되게 행동한다는 말로 도리를 생각하지 않고 경솔하게 행동하는 것을 뜻한다.

예문) 깊이 생각하고 움직여야 경거망동으로 망신당하는 일이 없을 것이다.

輕 가벼울 **경** | 擧 들 **거** | 妄 허망할 **망** | 動 움직일 **동**

傾國之色
경국지색

나라를 위태롭게 할 정도의 미인이란 뜻으로, 대단한 미인을 가리키는 말이다.

예문) 그녀의 미모는 경국지색이란 말이 실감나게 할 정도로 대단하다.

傾 기울 **경** | 國 나라 **국** | 之 갈 **지** | 色 빛 **색**

耕當問奴
경당문노

농사일은 머슴에게 물어야 한다는 말로 모든 일은 그 방면의 전문가에게 자문을 구하는 것이 옳다는 뜻이다.

예문) 실력을 믿고 자만하기보다는 경당문노하는 것이 지혜로운 방법이다.

耕 밭갈 **경** | 當 당할 **당** | 問 물을 **문** | 奴 종 **노**

經世濟民
경세제민

세상일을 잘 다스려 어려움에 빠진 백성을 구한다는 말로 '경국제세(經國濟世)'라고도 한다.

[예문] 우리는 지금 경세제민을 가장 잘 실천할 수 있는 인물을 선출해야 한다.

經 지날·글 경 | 世 인간 세 | 濟 건널 제 | 民 백성 민

敬而遠之
경이원지

공경하되 멀리한다는 뜻이다. 오늘날에는 겉으로 존경하는 체하면서 속으로는 기피할 때 사용한다.

[예문] 진심으로 존경하는 것인지 아니면 경이원지하며 속으로 비웃는 것인지 잘 살펴야 한다.

敬 공경할 경 | 而 말이을 이 | 遠 멀 원 | 之 갈 지

鏡中美人
경중미인

거울 속의 미인이라는 뜻으로, 실속이 없는 일이거나 실속보다는 겉치레뿐인 사람을 가리킬 때 사용한다.

[예문] 이번 협상은 속 빈 강정, 다시 말해 경중미인과도 같은 일에 지나지 않는다.

鏡 거울 경 | 中 가운데 중 | 美 아름다울 미 | 人 사람 인

敬天勤民
경천근민

하느님을 공경하고 백성을 다스리기를 부지런히 한다는 뜻이다.

[예문] 역사적으로 경천근민한 왕들은 하나같이 백성들의 존경을 한 몸에 받았다.

敬 공경할 경 | 天 하늘 천 | 勤 부지런할 근 | 民 백성 민

驚天動地
경천동지

하늘이 놀라고 땅이 흔들린다는 말로 세상을 몹시 놀라게 함을 뜻한다.

[예문] 이렇게 갑자기 통일이 되다니 경천동지할 일이다.

驚 놀랄 경 | 天 하늘 천 | 動 움직일 동 | 地 땅 지

敬天愛人
경천애인

하늘을 공경하고 사람을 사랑한다는 뜻이다.

[예문] 사람을 사랑할 줄 아는 김 대표의 좌우명은 경천애인이라고 한다.

敬 공경 경 | 天 하늘 천 | 愛 사랑 애 | 人 사람 인

經天緯地 경천위지

온 천하를 다스리는 것을 말한다. 또 일을 계획적으로 준비하고 다스리는 것을 뜻하기도 한다.

예문) 이순신 장군은 경천위지하는 인물로 백성들의 믿음이 아주 두터웠다.

經 지날·글 경 | 天 하늘 천 | 緯 씨 위 | 地 땅 지

繼繼承承 계계승승

대대로 이어받아 내려옴, 혹은 자손 대대로 이어감을 뜻한다.

예문) 이렇게 좋은 전통은 계계승승 이어져 오래도록 남아야 한다.

繼 이을 계 | 承 이을 승

鷄口牛後 계구우후

닭의 부리가 될지언정 소의 꼬리는 되지 말라는 말로 큰 집단의 꼬리보다 작은 집단의 우두머리가 낫다는 뜻이다.

예문) 그 회사에서 이리 치이고 저리 치이는 것보다 작지만 여기서 계구우후하는 것이 낫지 않겠느냐.

鷄 닭 계 | 口 입 구 | 牛 소 우 | 後 뒤 후

鷄卵有骨
계란유골

달걀 속에도 뼈가 있다는 말로 뜻밖에 장애물이 생기는 것을 뜻한다.

[예문] 안심하고 시작한 일이었는데 계란유골의 일이 벌어질 줄 누가 알았겠느냐.

鷄 닭 **계** | 卵 알 **란** | 有 있을 **유** | 骨 뼈 **골**

鷄肋
계륵

먹을 것이 없는 닭갈비라는 뜻으로, 이러지도 저러지도 못하는 것을 가리킨다.

[예문] 이번에 완전히 손을 털고 나와야 계륵이 된 그 일에서 벗어날 수 있을 것이다.

鷄 닭 **계** | 肋 갈비 **륵**

鷄鳴狗盜
계명구도

하찮은 재주를 가졌다는 말이며, 때로는 하찮은 재주를 가진 사람도 쓸모가 있다는 뜻으로도 쓰인다.

[예문] 그런 식으로 연습을 게을리 하면 계명구도라는 소리밖에 듣지 못한다.

鷄 닭 **계** | 鳴 울음 **명** | 狗 개 **구** | 盜 훔칠 **도**

季布一諾 계포일낙

계포가 승낙한 한마디 말이란 뜻으로, 일단 약속한 이상 꼭 지키는 것을 말한다.

[예문] 이 자리에 모인 사람들은 계포일낙 할 것을 다짐하고 절대 변치 않도록 하자.

季 끝 계 | 布 베 포 | 一 한 일 | 諾 대답할 낙

股肱之臣 고굉지신

다리와 팔뚝에 비길 만한 신하, 즉 임금이 가장 믿을 만한 중신을 말한다.

[예문] 김 장관은 대통령이 고굉지신하는 대표적인 인물이다.

股 넓적다리 고 | 肱 팔뚝 굉 | 之 갈 지 | 臣 신하 신

孤軍奮鬪 고군분투

수가 적고 도움을 받을 곳이 없는 약한 군대가 강한 적과 용감하게 싸우는 것을 뜻한다.

[예문] 열악한 상황에서도 고군분투하신 여러분에게 깊은 존경을 표하는 바입니다.

孤 외로울 고 | 軍 군사 군 | 奮 떨칠 분 | 鬪 싸움 투

高臺廣室 고대광실

높은 누대와 넓은 집이라는 뜻으로, 크고 좋은 집을 말한다.

예문: 이렇게 좋은 고대광실에서 두 사람만 살고 있다니 낭비가 아닐까 싶다.

高 높을 고 | 臺 대 대 | 廣 넓을 광 | 室 집 실

叩頭謝罪 고두사죄

머리를 조아려 잘못을 비는 것을 뜻한다.

예문: 이번 일은 전적으로 저희 잘못입니다. 고두사죄하오니 용서해 주십시오.

叩 두드릴 고 | 頭 머리 두 | 謝 사례할 사 | 罪 허물 죄

膏梁珍味 고량진미

살찐 고기와 좋은 곡식으로 만든 맛있는 음식을 뜻한다.

예문: 매일같이 이러한 고량진미를 먹는다면 몸무게가 금세 불어나겠다.

膏 살찔 고 | 梁 들보 량 | 珍 보배 진 | 味 맛 미

孤露餘生
고로여생

어려서 부모를 잃은 사람을 말한다.

> 예문: 이 자리는 고로여생하신 동문들을 위해 마련하는 자리이니 여러분들도 깊은 관심 가져 주시길 바랍니다.

孤 외로울 고 | 露 이슬 로 | 餘 남을 여 | 生 날 생

孤立無援
고립무원

외톨이가 되어 아무 곳에도 도움을 받을 데가 없음을 뜻한다.

> 예문: 이 넓은 세상에 누구 한 사람 찾아갈 이가 없으니 고립무원이 따로 없구나.

孤 외로울 고 | 立 설 립 | 無 없을 무 | 援 당길 원

鼓腹擊壤
고복격양

배를 두드리고 구른다는 뜻으로, 나라가 안정되어 살기에 편안하며, 먹고 입는 데 부족함이 없는 태평성대를 이르는 말이다.

> 예문: 전쟁이 지난 지 얼마 되지 않았는데 이렇게 빠른 시일 내에 고복격양하게 될 줄 누가 알았을까.

鼓 북 고 | 腹 배 복 | 擊 부딪칠 격 | 壤 흙 양

孤城落日 고성낙일

고립된 성과 낙조를 가리키는 것으로, 혼자가 되어 마음이 극도로 허탈한 상태에 빠져 있는 것을 말한다.

[예문] 쓸쓸한 가을에 고성낙일인 내 신세가 더욱 처량하구나.

孤 외로울 고 | 城 재 성 | 落 떨어질 낙 | 日 날 일

姑息之計 고식지계

근본적인 해결책이 아니라 당장에 편한 것만 취하는 계책이다. 임시변통으로 당장의 편안함만을 꾀하는 것을 뜻한다.

[예문] 그 방법은 고식지계일 뿐 근본적인 해결책은 되지 못할 것이다.

姑 시어미 고 | 息 숨쉴 식 | 之 갈 지 | 計 꾀 계

孤臣寃淚 고신원루

임금을 잃은 외로운 신하의 원통한 눈물을 뜻한다.

[예문] 이 시는 고신원루의 마음을 잘 표현한 한 충신의 작품입니다.

孤 외로울 고 | 臣 신하 신 | 寃 원통할 원 | 淚 눈물 루

苦肉之計
고육지계

적을 속이기 위해서 자신의 희생을 무릅쓰고 꾸미는 계책을 말한다.

[예문] 어쩔 수 없이 고육지계의 방법을 써서 이 난관을 뚫고 나가야겠다.

苦 쓸 고 | 肉 고기 육 | 之 어조사 지 | 計 꾀 계

孤掌難鳴
고장난명

한쪽 손바닥은 소리가 나지 않는다는 말로 혼자서는 싸움이 되지 않음을 뜻한다.

[예문] 아무리 떠들고 흥분해 봤자 고장난명밖에 되지 않으니 단념하도록 해라.

孤 외로울 고 | 掌 손바닥 장 | 難 어려울 난 | 鳴 울 명

苦盡甘來
고진감래

쓴 것이 다하면 단 것이 온다는 말로 고생 끝에 낙이 온다는 뜻이다.

[예문] 고진감래했던 지난 일을 생각해서 힘들더라도 참고 견뎌야 한다.

苦 쓸 고 | 盡 다될 진 | 甘 달 감 | 來 올 래

高枕安眠 고침안면

베개를 높이 베고 편히 잠, 즉 무척 마음이 한가하고 여유가 있어 아무런 근심이 없이 잘 수 있는 편안한 상태를 말한다.

[예문] 고침안면하니 세상이 아름답고 평화롭게만 보이는구나.

高 높을 고 | 枕 베개 침 | 安 편안할 안 | 眠 잠잘 면

古稀 고희

70세를 고희라고 하는데, '예부터 일흔이 넘는 사람은 드물다.'라는 뜻으로 쓰였다.

[예문] 이번 고희를 맞아 온 가족이 부모님과 여행을 가기로 했다.

古 옛 고 | 稀 드물 희

曲學阿世 곡학아세

학문을 왜곡시켜 세속에 아첨한다는 뜻으로, 자기 신조나 소신, 철학 등을 버리고 시류에 영합하는 경우를 이르는 말이다.

[예문] 그의 곡학아세하는 자세가 끝내는 자기무덤을 파는 결과를 가져올 줄 짐작하고 있었다.

曲 굽을 곡 | 學 배울 학 | 阿 언덕 아 | 世 인간 세

汨沒無暇 골몰무가

한 가지 일에 파묻혀 다른 일은 조금도 돌아볼 틈이 없음을 뜻한다.

[예문] 골몰무가하는 그의 집중력이라면 이번 일도 능히 해낼 수 있으리라 본다.

汨 다스릴 **골** | 沒 가라앉을 **몰** | 無 없을 **무** | 暇 겨를 **가**

骨肉相殘 골육상잔

부자나 형제, 또는 같은 민족 간에 서로 다투고 해치는 것을 뜻한다. '골육상쟁(骨肉相爭)', '골육상전(骨肉相戰)' 모두 같은 뜻이다.

[예문] 골육상잔의 아픔으로 눈물 흘리는 일은 더 이상 없기를 간절히 기도한다.

骨 뼈 **골** | 肉 고기 **육** | 相 서로 **상** | 殘 해칠 **잔**

公卿大夫 공경대부

조선시대의 관직인 삼공, 구경, 대부를 함께 이르는 말이었으나 지금은 벼슬이 높은 사람들을 뜻한다.

[예문] 공경대부의 자제나 일반 서민의 자제나 모두 평등하게 시험을 보아야 한다.

公 공평할 **공** | 卿 벼슬 **경** | 大 큰 **대** | 夫 지아비 **부**

共倒同亡
공도동망

넘어져도 같이 넘어지고 망해도 같이 망한다는 말로, 운명을 같이 한다는 뜻이다.

[예문] 운명을 같이 하기로 한 이상 공도동망의 자세로 끝까지 함께 할 것을 다짐합니다.

共 한가지 **공** | 倒 넘어질 **도** | 同 한가지 **동** | 亡 망할 **망**

公明正大
공명정대

마음이 공평하고 사심이 없이 밝고 크다는 뜻이다.

[예문] 공명정대한 그의 성격으로 보아 이번 일은 다른 사람의 짓이 틀림없다.

公 공평할 **공** | 明 밝을 **명** | 正 바를 **정** | 大 큰 **대**

空中樓閣
공중누각

공중에 있는 누각이라는 뜻으로 현실성이 없는 일이거나 내용이 없는 이야기, 또는 허무하게 사라지는 신기루를 뜻한다.

[예문] 그런 공중누각 같은 소리는 집어치우고 실속 있는 말을 해라.

空 빌 · 부질없는 **공** | 中 가운데 **중** | 樓 다락 **루** | 閣 누각 · 선반 · 내각 **각**

公平無私 공평무사

어느 한쪽에 치우치지 않아 공평하고 사사로움이 없음을 뜻한다.

[예문] 공평무사한 마음으로 정의를 실천하는 데 앞장서도록 하겠습니다.

公 공평할 공 | 平 평평할 평 | 無 없을 무 | 私 사사로울 사

誇大妄想 과대망상

실제보다 자신을 너무 지나치게 과대하게 평가하고 믿는 것을 뜻한다.

[예문] 그의 비현실적인 주장은 오래 전부터 계속 되어 온 과대망상에서 비롯된 것이다.

誇 자랑할 과 | 大 큰 대 | 妄 허망할 망 | 想 생각할 상

過猶不及 과유불급

지나친 것은 미치지 못한 것과 같다는 말로, 지나친 것이나 모자란 것 모두 좋지 않다는 뜻이다.

[예문] 과유불급한 자식 사랑은 오히려 자식을 망치는 지름길이 될 수도 있다.

過 지날 과 | 猶 오히려 유 | 不 아니 불 | 及 미칠 급

瓜田李下
과전이하

오이 밭과 오얏나무 밑이라는 말로 남의 의심을 받기 쉬운 일은 하지 말라는 뜻이다.

[예문] 과전이하라고 했으니 한시라도 빨리 그 일에서 벗어나는 것이 좋을 것이다.

瓜 외 **과** | 田 밭 **전** | 李 오얏·성 **리** | 下 아래 **하**

管鮑之交
관포지교

관중과 포숙아의 두터운 우정이라는 뜻으로 서로 믿고 이해하며 아끼는 친구라는 말이다.

[예문] 원경이는 관포지교란 말이 가장 잘 어울리는 나의 둘도 없는 친구이다.

管 피리 **관** | 鮑 절인어물 **포** | 之 갈 **지** | 交 사귈 **교**

刮目相對
괄목상대

눈을 비비고 다시 보며 상대를 대한다는 뜻으로, 학식이나 재주 등이 놀랄 정도로 향상되었을 때 사용하는 말이다.

[예문] 괄목상대할 정도의 성적을 거두다니 네가 얼마나 노력했는지 짐작할 수 있겠다.

刮 깎을 **괄** | 目 눈 **목** | 相 서로 **상** | 對 대할 **대**

光明正大
광명정대

말과 행동이 떳떳하고 정당함을 뜻한다.

[예문] 광명정대한 판결이라면 누구도 이의를 제기하지 못할 것이다.

光 빛 **광** | 明 밝을 **명** | 正 바를 **정** | 大 큰 **대**

曠日彌久
광일미구

하는 일 없이 오랜 시간을 헛되게 보낸다는 말로 쓸데없는 소모전을 뜻한다.

[예문] 이렇게 광일미구할 시간이 있다면 마당에 나가 쓰레기를 줍는 게 낫겠다.

曠 빌 **광** | 日 날 **일** | 彌 미륵·두루 **미** | 久 오랠 **구**

曠日持久
광일지구

세월을 오랫동안 헛되게 보낸다는 말로 때로는 긴 시간을 보냈다는 의미로도 사용된다.

[예문] 광일지구한 지난날을 생각하니 후회스럽기 그지없습니다.

曠 빌 **광** | 日 날 **일** | 持 가질 **지** | 久 오랠 **구**

矯角殺牛 교각살우

뿔을 바로잡으려다가 소를 죽인다는 말로, 작은 일에 힘쓰다가 큰일을 망치게 되는 것을 뜻한다.

[예문] 교각살우하지 말고 좀더 큰일을 위해 분발하기를 바란다.

矯 바로잡을 **교** | 角 뿔 **각** | 殺 죽일 **살** | 牛 소 **우**

狡兎三窟 교토삼굴

영리한 토끼는 숨을 굴을 세 개 파놓아 어려운 고비를 넘긴다는 말로, 사람도 갑작스런 난관에 대비해 미리 대책을 세워야 한다는 뜻이다.

[예문] 토끼도 교토삼굴한다고 했거늘 어찌 사람이 미래를 대비하지 않고 가만히 있을 수 있겠느냐.

狡 교활할 **교** | 兎 토끼 **토** | 三 석 **삼** | 窟 굴 **굴**

巧言令色 교언영색

말을 잘 하고 남의 눈을 끌게 하는 표정에는 진실한 애정이 적은 법이라는 뜻으로, 아첨하는 말이나 보기 좋게 꾸민 안색을 말한다.

[예문] 그의 교언영색은 진실처럼 느껴져 누구라도 속아 넘어갈 정도이다.

巧 공교할 **교** | 言 말씀 **언** | 令 영 **령** | 色 빛 **색**

教外別傳 교외별전

경전 바깥의 특별한 전승. 선종에서 부처의 가르침을 마음에서 마음으로 전해 진리를 깨닫게 하는 법을 말한다.

예문: 교외별전의 진리인지, 그저 입으로만 떠드는 진리인지 잘 살펴야 한다.

教 가르칠 **교** | 外 바깥 **외** | 別 다를·나눌 **별** | 傳 전할 **전**

膠柱鼓瑟 교주고슬

비파나 거문고의 기러기발을 아교로 붙여 놓으면 한 가지 음밖에 낼 수 없다는 말로 고지식해서 융통성이 전혀 없다는 뜻이다.

예문: 교주고슬하지 말고 융통성을 갖고 시야를 좀 넓게 보도록 해라.

膠 아교 **교** | 柱 기둥 **주** | 鼓 북 **고** | 瑟 큰거문고 **슬**

狡兎死良狗烹 교토사량구팽

교활한 토끼가 죽으면 충실한 사냥개가 삶아 먹히게 된다는 뜻으로, 필요 없게 되면 헌신짝처럼 버려지는 것을 비유한 말이다.

예문: 사람 귀한 줄 모르고 교토사량구팽하는 지도자는 언제든 망하게 될 것이다.

狡 교활할 **교** | 兎 토끼 **토** | 死 죽을 **사** | 良 어질 **량** | 狗 개 **구** | 烹 삶을 **팽**

教學相長
교학상장

다른 사람을 가르치는 일이나 스승에게 배우는 일이나 모두 나의 학업을 증진시킨다는 뜻이다.

[예문] 교학상장하는 자세야말로 학문을 증진시키는 가장 좋은 방법이다.

教 가르칠 **교** | 學 배울 **학** | 相 서로 **상** | 長 긴 **장**

九曲肝腸
구곡간장

아홉 번 구부러진 간과 창자라는 말로, 굽이굽이 사무친 마음속 또는 깊은 마음속을 뜻한다.

[예문] 구곡간장 애타는 이 마음을 누가 알아줄까?

九 아홉 **구** | 曲 굽을 **곡** | 肝 간 **간** | 腸 창자 **장**

救國干城
구국간성

나라를 구하여 지키는 믿음직스러운 군인이나 사람을 뜻한다.

[예문] 구국간성하는 젊은이들이 있어 오늘도 우리가 편안하게 지낼 수 있는 것이다.

救 구원할 **구** | 國 나라 **국** | 干 방패·줄기 **간** | 城 재 **성**

狗尾續貂
구미속초

개의 꼬리를 노란 담비 꼬리에 잇는다는 말로 좋은 것 다음에 나쁜 것을 잇는다는 뜻이다. 흔히 마땅한 인물이 없어 자질이 부족한 사람을 높은 관직에 등용하는 것을 뜻한다.

예문 구미속초하는 격이지만 마땅한 인물이 없으니 울며 겨자 먹기로 그를 등용했다.

狗 개 **구** | 尾 꼬리 **미** | 續 이을 **속** | 貂 담비 **초**

口蜜腹劍
구밀복검

입에는 꿀을 바르고 뱃속에는 칼을 품고 있다는 뜻으로 겉으로는 좋은 말만 하지만 속으로는 음험하게 해칠 생각을 하는 경우를 말한다.

예문 겉으로 한없이 좋게만 보여도 구밀복검하는 자가 없는지 잘 살펴서 사람을 두어야 한다.

口 입 **구** | 蜜 꿀 **밀** | 腹 배 **복** | 劍 칼 **검**

九死一生
구사일생

아홉 번 죽을 고비에서 한 목숨 살았다는 말로 여러 차례 죽을 고비를 넘기고 가까스로 살아남은 것을 뜻한다.

예문 동해안을 덮친 사상 최악의 해일에도 구사일생으로 목숨을 건졌다.

九 아홉 **구** | 死 죽을 **사** | 一 한 **일** | 生 날 **생**

口尚乳臭
구상유취

입에서 아직 젖 냄새가 난다는 말로 언어와 행동이 아주 유치한 것을 뜻한다.

예문 나이가 몇인데 아직도 구상유취한 행동에서 벗어나지 못했느냐.

口 입 **구** | 尙 오히려 **상** | 乳 젖 **유** | 臭 냄새 **취**

鳩首會議
구수회의

여러 사람이 서로 머리를 맞대고 하는 논의를 비유하는 말이다.

예문 밤을 새워 구수회의 한다면 좋은 결과가 나오지 않을까 한다.

鳩 비둘기 **구** | 首 머리 **수** | 會 모을 **회** | 議 의논할 **의**

九牛一毛
구우일모

아홉 마리 소의 터럭 중 하나의 터럭, 즉 많은 것 중에서 극히 작은 것, 아주 하찮은 것을 뜻한다.

예문 구우일모한 물건일지라도 언젠가는 급하게 필요해서 찾게 될지도 모른다.

九 아홉 **구** | 牛 소 **우** | 一 한 **일** | 毛 터럭 **모**

九折羊腸
구절양장

양의 창자처럼 험하고 꼬불꼬불한 산길 혹은 길이 매우 험하다는 뜻이다.

[예문] 많은 길을 다녔지만 이렇게 구절양장한 산길은 처음 본다.

九 아홉 **구** | 折 꺾을 **절** | 羊 양 **양** | 腸 창자 **장**

國士無雙
국사무쌍

나라 안에 둘도 없이 뛰어난 인물이라는 뜻이다.

[예문] 그는 국사무쌍한 인물로 누구든 탐을 내는 훌륭한 인재다.

國 나라 **국** | 士 선비 **사** | 無 없을 **무** | 雙 쌍 **쌍**

國泰民安
국태민안

나라가 태평하고 백성이 살기가 평안한 것을 뜻한다.

[예문] 이번 대통령은 국태민안을 위해 불철주야 노력하겠다고 다짐했다.

國 나라 **국** | 泰 클 **태** | 民 백성 **민** | 安 편안 **안**

群鷄一鶴 군계일학

닭의 무리 가운데 한 마리 학이란 뜻으로 평범한 사람들 중에 뛰어난 한 사람을 일컫는 말이다.

[예문] 군계일학이라고 칭송받는 임 대표는 어느 자리에서든 빛을 낸다.

群 무리 군 | 鷄 닭 계 | 一 한 일 | 鶴 학 학

軍令泰山 군령태산

군대의 명령은 태산같이 무겁다는 뜻이다.

[예문] 군령태산이라 했거늘 어찌 제가 부대의 명령을 소홀히 여기겠습니까.

軍 군사 군 | 令 영 령 | 泰 클 태 | 山 뫼 산

群盲撫象 군맹무상

소경 무리들이 코끼리를 어루만진다는 뜻으로, 모든 사물을 자기의 좁은 소견과 주관으로 그릇되게 판단함을 뜻한다.

[예문] 군맹무상한 당신의 판단력으로는 도저히 이 일을 해낼 수 없을 것입니다.

群 무리 군 | 盲 소경 맹 | 撫 어루만질 무 | 象 코끼리 상

君臣有義
군신유의

임금과 신하 사이에는 의가 있어야 한다는 뜻이다.

[예문] 군신유의는 오늘날에도 여전히 요구되는 중요 덕목이다.

君 임금 군 | 臣 신하 신 | 有 있을 유 | 義 의로울 의

群雄割據
군웅할거

많은 영웅들이 각지에 자리를 잡고 서로 세력을 다툰다는 뜻이다.

[예문] 개인의 욕심만을 위해 군웅할거하는 모습이 실소를 자아내게 한다.

群 무리 군 | 雄 수컷 웅 | 割 나눌 할 | 據 의거할 거

君爲臣綱
군위신강

신하가 임금을 섬기는 것은 근본이라는 뜻이다.

[예문] 군위신강의 뜻에 따라 여러 신하들이 머리를 조아리고 왕께 충성을 맹세했다.

君 임금 군 | 爲 할 위 | 臣 신하 신 | 綱 벼리 강

君子三樂
군자삼락

군자의 세 가지 즐거움이라는 뜻으로, 이것을 어떤 이들은 인생의 가장 큰 즐거움이라고 하여 인생삼락(人生三樂)이라고도 부른다.

[예문] 천하의 왕이 되는 것은 군자삼락에 들어 있지 않다.

君 임금·군자 **군** | 子 아들 **자** | 三 석 **삼** | 樂 즐길 **락**

屈而不信
굴이불신

굽히고서는 펴지 않는다는 뜻이다.

[예문] 손가락이 굴이불신한다고 해서 걱정할 필요는 없다. 손가락이 남과 다른 것보다 마음이 다른 것을 부끄러워해야 한다.

屈 굽을 **굴** | 而 말이을 **이** | 不 아니 **불** | 信 믿을 **신**

窮餘之策
궁여지책

막다른 골목에서 그 상황을 벗어나려고 생각다 못해 짜낸 꾀를 뜻한다.

[예문] 어쩔 수 없어 궁여지책으로 생각해 낸 방법이니 일단 여기서 벗어나고 보자.

窮 다할 **궁** | 餘 남을 **여** | 之 어조사 **지** | 策 채찍 **책**

權謀術數 권모술수

목적 달성을 위해서 수단과 방법을 가리지 않고 때와 그 상황에 따라 교묘하게 사용하는 모략이나 술책을 뜻한다.

[예문] 권모술수가 판치는 어지러운 세상을 피해 그는 산으로 들어갔다.

權 저울추 **권** | 謀 꾀할 **모** | 術 꾀 **술** | 數 셀 **수**

權不十年 권부십년

권세는 10년을 넘지 못한다는 말로, 부귀영화는 일시적이어서 영원히 지속되지 않는다는 뜻이다.

[예문] 권부십년이라 했으니 그를 너무 부러워하지 마라.

權 권세 **권** | 不 아니 **부** | 十 열 **십** | 年 해 **년**

勸善懲惡 권선징악

악한 것을 징벌하고 선한 것을 권한다는 뜻이다.

[예문] 세상은 누가 뭐래도 권선징악에 따라 돌아가야 한다고 생각한다.

勸 권할 **권** | 善 착할 **선** | 懲 징계할·부를 **징** | 惡 악할 **악**

捲土重來 권토중래

싸움에 한 번 패한 사람이 다시 힘을 내어 흙먼지를 일으키며 쳐들어온다는 뜻으로, 한 번 실패한 사람이 다시 세력을 찾는다는 말이다.

[예문] 권토중래한 그의 집념이라면 능히 성공하리라 생각한다.

捲 말 **권** | **土** 흙 **토** | **重** 무거울 **중** | **來** 올 **래**

貴鵠賤鷄 귀곡천계

고니를 귀하게 여기고 닭을 천하게 여긴다는 말로, 멀리 있는 것을 귀하게 여기고 가까이 있는 것을 하찮게 여긴다는 뜻이다.

[예문] 세상에 천하게 여겨도 좋은 것은 아무 것도 없다. 귀곡천계하지 말고 돌 하나라도 소중히 여겨라.

貴 귀할 **귀** | **鵠** 고니·과녁 **곡** | **賤** 천할 **천** | **鷄** 닭 **계**

橘化爲枳 귤화위지

강남의 귤을 강북에 심으면 탱자가 된다는 말로, 사람도 환경에 따라서 그 기질이 변한다는 뜻이다.

[예문] 아무리 의지력이 강한 사람이라고 하더라도 이번 진흙탕 싸움에 말려들면 귤화위지하고 말 것이다.

橘 귤 **귤** | **化** 될 **화** | **爲** 할 **위** | **枳** 탱자 **지**

克己復禮
극기복례

욕망이나 사사로운 마음을 자신의 의지력으로 억제하고 예의에 어긋나지 않도록 한다는 뜻이다.

[예문] 극기복례하더니만 결국에는 사람들의 인정을 받아 만장일치로 추대되었다.

克 이길 **극** | 己 몸 **기** | 復 회복할 **복** | 禮 예도 **례**

極惡無道
극악무도

더할 수 없이 악하고 도리에 어긋나 있는 것을 뜻한다.

[예문] 천하에 이보다 더 극악무도한 자는 없을 것이다.

極 극진할·다할 **극** | 惡 악할 **악** | 無 없을 **무** | 道 길 **도**

近墨者黑
근묵자흑

먹을 가까이 하는 사람은 검게 변한다는 말로 나쁜 사람과 사귀면 물들기 쉽다는 뜻이다.

[예문] 근묵자흑이라는 말이 있듯 누구든 친구를 잘 사귀어야 한다.

近 가까울 **근** | 墨 먹 **묵** | 者 놈 **자** | 黑 검을 **흑**

近朱者赤 근주자적

붉은 빛을 가까이 하면 붉게 된다는 말로 착한 사람과 가까이 지내면 착해지고, 나쁜 사람과 가까이 지내면 나빠진다는 뜻이다.

[예문] 아무리 자아가 강한 사람이라도 근주자적하는 것은 당연한 이치이다.

近 가까울 **근** | 朱 붉을 **주** | 者 놈 **자** | 赤 붉을 **적**

金科玉條 금과옥조

금이나 옥같이 귀중한 법칙이나 규정을 말한다.

[예문] 이번에 새로 제정된 법률은 금과옥조라고 해도 과언이 아니다.

金 쇠 **금** | 科 과정 **과** | 玉 옥 **옥** | 條 가지 **조**

金蘭之契 금란지계

쇠와 같이 단단하고 난초와 같이 향기로운 사귐을 일컫는 말이다.

[예문] 금란지계할 벗을 찾기가 이렇게도 힘들 줄이야.

金 쇠 **금** | 蘭 난초 **난** | 之 갈 **지** | 契 맺을 **계**

錦上添花
금상첨화

비단 위에 꽃을 더한다는 뜻으로 좋은 일에 좋은 일을 더한다는 말이다.

[예문] 시험에 통과하고 따님까지 보셨으니 이보다 더 금상첨화가 어디 있겠습니까?

錦 비단 **금** | 上 위 **상** | 添 더할 **첨** | 花 꽃 **화**

金石盟約
금석맹약

쇠나 돌처럼 단단하고 변함없는 약속을 말한다. '금석지약(金石之約)'이라고도 한다.

[예문] 나는 당신과의 약속을 금석맹약처럼 생각하고 결코 잊지 않을 것입니다.

金 쇠 **금** | 石 돌 **석** | 盟 맹세할 **맹** | 約 묶을 **약**

今昔之感
금석지감

지금을 옛날과 비교할 때 변화가 너무 심해 저절로 생겨나는 느낌을 말한다.

[예문] 불과 십 년이 흘렀는데 금석지감에 놀라움을 금치 못하겠다.

今 이제 **금** | 昔 예 **석** | 之 갈 **지** | 感 느낄 **감**

金石之交
금석지교

쇠와 돌처럼 변함없는 굳은 사귐을 뜻한다.

[예문] 이 친구는 나와 금석지교를 나눈 세상에 둘도 없는 사람입니다.

金 쇠 **금** | 石 돌 **석** | 之 갈 **지** | 交 사귈 **교**

金城湯池
금성탕지

황금으로 만든 성과 끓는 물을 채운 연못이란 말로, 아주 견고한 성과 해자를 말한다. 주로 방어시설이 잘 되어 있는 성을 뜻한다.

[예문] 금성탕지의 땅이라 할 만큼 누구도 넘보지 못하는 곳이다.

金 쇠 **금** | 城 재 **성** | 湯 끓일 **탕** | 池 못 **지**

琴瑟相和
금슬상화

거문고와 비파를 타면 음률이 잘 조화되는 것과 같이 부부 사이가 매우 화목한 것을 가리키는 말이다.

[예문] 우리 부모님은 금슬상화의 대표적인 본보기라 할 만큼 사이가 좋으시다.

琴 거문고 **금** | 瑟 비파 **슬** | 相 서로 **상** | 和 화합할 **화**

琴瑟之樂 금슬지락

거문고와 비파의 즐거움이란 말로 부부 사이의 다정하고 화목한 즐거움을 뜻한다.

[예문] 이번에 결혼한 신혼부부는 금슬지락할 것을 약속했다.

琴 거문고 **금** | 瑟 큰거문고 **슬** | 之 갈 **지** | 樂 즐거울 **락**

今始初聞 금시초문

처음 듣는 말이라는 말로 이제야 비로소 처음 듣는다는 뜻이다.

[예문] 네가 언제 말했는지 몰라도 나는 금시초문인 일이다.

今 이제 **금** | 始 비로소 **시** | 初 처음 **초** | 聞 들을 **문**

錦衣夜行 금의야행

'비단옷을 입고 밤길을 걷는다', 즉 '아무 보람이 없는 행동'을 말한다. 반대말은 '금의환향(錦衣還鄕)'이다.

[예문] 자칫 금의야행이 될 수도 있으니 상황을 조금 더 지켜본 뒤에 실행하도록 하자.

錦 비단 **금** | 衣 옷 **의** | 夜 밤 **야** | 行 다닐 **행**

錦衣玉食 금의옥식

비단옷과 흰쌀밥이라는 말로, 호화스러운 생활을 뜻한다.

[예문] 서민들의 고생은 나 몰라라 하고 금의옥식할 꾀만 내고 있으니 이 나라 앞날이 어떻게 되겠느냐.

錦 비단 **금** | 衣 옷 **의** | 玉 구슬 **옥** | 食 밥 **식**

錦衣還鄕 금의환향

비단 옷을 입고 고향으로 돌아온다는 말로 타지에서 크게 성공해 고향으로 온다는 뜻이다.

[예문] 이번 사법시험에 합격해서 금의환향하는 작은 아들은 부모님의 큰 자랑거리다.

錦 비단 **금** | 衣 옷 **의** | 還 돌아올 **환** | 鄕 시골 **향**

金枝玉葉 금지옥엽

임금의 자손이나 집안 또는 아주 소중한 자손을 일컫는 말이다.

[예문] 금지옥엽으로 키운 자식이니 얼마나 사랑스러울까.

金 쇠 **금** | 枝 가지 **지** | 玉 옥 **옥** | 葉 잎 **엽**

氣高萬丈 기고만장

기운이 만장이나 뻗친다는 말로 펄펄 뛸 만큼 기운이 남, 혹은 일이 뜻대로 잘 되어 우쭐대며 뽐내는 기세를 뜻한다.

[예문] 1차 시험에 통과했다고 해서 기고만장하는 꼴이라니 우습지도 않다.

氣 기운 **기** | 高 높을 **고** | 萬 일만 **만** | 丈 어른 **장**

起死回生 기사회생

죽음에 임박한 환자가 다시 살아난다는 뜻으로 위급한 상황에서 극적으로 다시 호전될 때 사용한다.

[예문] 기사회생한 그의 집념은 무슨 일이든 가능하게 할 것만 같다.

起 일어날 **기** | 死 죽을 **사** | 回 돌·돌아올 **회** | 生 날 **생**

奇想天外 기상천외

대부분의 사람은 쉽게 짐작할 수 없을 정도로 엉뚱하고 기발한 생각을 말한다.

[예문] 어떻게 그런 기상천외한 생각을 해냈는지 감탄스러울 따름이다.

奇 기이할 **기** | 想 생각 **상** | 天 하늘 **천** | 外 바깥 **외**

起承轉結 기승전결

시문을 구성하는 방식으로 첫머리를 기, 그 뜻을 이어 쓰는 것을 승, 뜻을 한번 부연시키는 것을 전, 맺는 것을 결이라고 한다.

[예문] 이 작품을 기승전결에 따라 나누어 발표해 보아라.

起 일어날 기 | 承 이을 승 | 轉 구를 전 | 結 맺을 결

奇巖怪石 기암괴석

기묘하게 생긴 바위와 괴상하게 생긴 돌을 말한다.

[예문] 기암괴석의 조화가 놀랍도록 아름답다.

奇 기특할 기 | 巖 바위 암 | 怪 괴이할 괴 | 石 돌 석

杞人之憂 기인지우

쓸데없는 걱정을 하거나 미리 앞일을 염려하여 부질없이 고생하는 것을 말한다. 흔히 '기우'라고 한다.

[예문] 그런 기인지우는 일에 전혀 도움이 되지 않으니 속히 떨쳐 버려라.

杞 나무이름·나라 기 | 人 사람 인 | 之 갈 지 | 憂 근심할 우

幾至死境
기지사경

거의 죽을 지경에 이른 것을 뜻한다.

예문) 얼마나 고생을 했는지 기지사경이라고 해도 과언이 아닌 듯 보였다.

幾 몇 **기** | 至 이를 **지** | 死 죽을 **사** | 境 지경 **경**

氣盡脈盡
기진맥진

기운이 없어지고 맥이 풀렸다는 말로, 온몸의 힘이 모두 빠져 버렸다는 뜻이다.

예문) 며칠째 밤낮으로 수해복구에 힘쓴 사람들은 기진맥진한 상태이다.

氣 기운 **기** | 盡 다할 **진** | 脈 줄기 **맥** | 盡 다할 **진**

氣稟之性
기품지성

사람의 타고난 기질과 성품을 말한다.

예문) 선생님의 기품지성은 누구도 따라오지 못할 만큼 훌륭해서 여러 사람으로부터 존경받으신다.

氣 기운 **기** | 稟 여쭐 **품** | 之 갈 **지** | 性 성품 **성**

騎虎之勢
기호지세

호랑이를 타고 달리는 기세라는 뜻으로 일단 시작하면 그만둘 수 없는 형세를 말한다.

【예문】 이 정도의 시련으로는 그의 기호지세를 꺾지 못할 것이다.

騎 말탈 **기** | 虎 호랑이 **호** | 之 갈·이를 **지** | 勢 기세 **세**

奇貨可居
기화가거

아주 귀한 물건이니 사두었다가 훗날 이익을 얻도록 해야 한다는 뜻으로, 좋은 기회를 놓치지 말라는 말이다.

【예문】 그냥 보고 있지만 말고 기화가거의 기회로 삼도록 해라.

奇 기이할 **기** | 貨 재화 **화** | 可 옳을 **가** | 居 있을 **거**

吉凶禍福
길흉화복

길흉(운이 좋고 나쁨)과 화복(재앙과 복)이라는 뜻으로, 사람의 운수를 뜻한다.

【예문】 인간은 모름지기 길흉화복에 따라 울고 웃게 되어 있다.

吉 길할 **길** | 凶 흉할 **흉** | 禍 재앙 **화** | 福 복 **복**

落落長松 낙락장송

가지가 길게 축축 늘어진 키가 큰 소나무를 가리킨다.

[예문] 낙락장송에 가려 한 치 앞도 보이지 않는구나.

落 떨어질 **낙** | 長 긴 **장** | 松 소나무 **송**

洛陽紙貴 낙양지귀

낙양의 종이 값이 오른다는 뜻으로, 저서가 호평을 받아 베스트셀러가 될 때를 말한다.

[예문] 십여 년 동안 무명에 가까운 생활을 한 그 작가는 낙양지귀의 그날을 손꼽아 기다린다.

洛 강이름 **낙** | 陽 볕 **양** | 紙 종이 **지** | 貴 귀할 **귀**

落花流水 낙화유수

떨어지는 꽃과 흐르는 물이라는 말로, 살림이나 세력이 보잘것없이 약해짐을 비유적으로 이른다. 또 남녀간에 그리워하는 애틋한 정을 뜻하기도 한다.

[예문] 까딱 잘못했다가는 낙화유수가 될 뻔한 위험천만한 상황이었다.

落 떨어질 **낙** | 花 꽃 **화** | 流 흐를 **유** | 水 물 **수**

難攻不落
난공불락

공격하기 어려워 좀처럼 함락되지 않음을 말한다.

[예문] 그 요새는 누구도 뚫지 못할 난공불락이다.

難 어려울 난 | 攻 칠 공 | 不 아니 불 | 落 떨어질 락

爛商公論
난상공론

여러 사람들이 자세하게 의논한다는 뜻이다.

[예문] 대표자들이 난상공론을 벌인 끝에 합의를 이끌어 냈다.

爛 문드러질 난 | 商 헤아릴 상 | 公 공평할 공 | 論 말할 론

亂臣賊子
난신적자

나라를 어지럽히는 신하와 어버이를 해하는 자식을 말한다.

[예문] 난신적자가 판치는 요지경 속이라 그의 바른 됨됨이가 더욱 돋보인다.

亂 어지러울 난 | 臣 신하 신 | 賊 도둑 적 | 子 아들 자

難兄難弟
난형난제

누구를 형이라 하고, 누구를 동생이라 하기가 어렵다는 뜻으로 사물의 낫고 못함을 분간하기 어려울 때 사용한다.

[예문] 두 선수는 웬만해서는 우열을 가리기 힘들 정도로 난형난제의 실력을 갖추고 있다.

難 어려울 **난** | **兄** 맏 **형** | **弟** 아우 **제**

南柯一夢
남가일몽

남쪽으로 뻗은 나뭇가지 밑에서 잠깐 동안 꾼 꿈이라는 뜻으로, 한때의 부귀와 권세는 꿈처럼 부질없고 덧없다는 말이다.

[예문] 이렇게 지나고 나서 생각하니까 그저 한순간의 남가일몽이 아니었나 싶다.

南 남녘 **남** | **柯** 자루 **가** | **一** 한 **일** | **夢** 꿈 **몽**

男負女戴
남부여대

남자는 지고 여자는 머리에 인다는 말로 가난에 시달린 사람들이 정착할 곳을 찾아 떠돌아다니며 사는 것을 가리킨다.

[예문] 남부여대하던 한 무리의 사람들이 드디어 영원히 정착할 곳을 찾았다.

男 사내 **남** | **負** 질 **부** | **女** 계집 **여** | **戴** 일 **대**

男兒一言重千金
남아일언중천금

남자의 한마디는 천금보다도 더 귀하다는 뜻이다.

[예문] 남아일언중천금이라고 했거늘 너는 어째서 제대로 실천하는 일이 하나도 없냐?

男 사내 **남** | 兒 아이 **아** | 一 한 **일** | 言 말씀 **언** | 重 무거울 **중** | 千 일천 **천** | 金 쇠 **금**

囊中之錐
낭중지추

주머니 속에 있는 송곳이라는 뜻으로, 곧 재능이 뛰어난 사람은 숨어 있어도 남의 눈에 띈다는 말이다.

[예문] 그는 조용히 있어도 빛이 나는 낭중지추의 대표적인 인물이다.

囊 주머니 **낭** | 中 가운데 **중** | 之 갈 **지** | 錐 송곳 **추**

內憂外患
내우외환

밖의 재난이 없으면 반드시 안에서 근심이 일어난다는 뜻이었지만, 안팎으로 곤란을 겪는 경우에도 쓰인다.

[예문] 그 집안은 계속되는 내우외환에 정신이 하나도 없다.

內 안 **내** | 憂 근심할 **우** | 外 밖 **외** | 患 근심 **환**

內柔外剛
내유외강

안은 부드럽지만 밖은 강하다는 말로 마음은 약하고 부드러움에도 겉으로는 강해 보인다는 뜻이다.

[예문] 그녀가 비록 연약하고 부드러워만 보여도 내유외강한 인물로 전혀 걱정할 필요가 없다.

內 안 내 | 柔 부드러울 유 | 外 바깥 외 | 剛 굳셀 강

怒氣衝天
노기충천

화가 하늘을 찌를 듯이 머리끝까지 나 있다는 뜻이다.

[예문] 노기충천한 할아버님께서 아들딸들을 한자리에 불러 모았다.

怒 성낼 노 | 氣 기운 기 | 衝 찌를 충 | 天 하늘 천

路柳墻花
노류장화

길가의 버들과 담 밑의 꽃은 누구든지 쉽게 꺾을 수 있다는 뜻으로 보통 기생을 말한다.

[예문] 그녀는 아무리 발버둥쳐도 노류장화란 꼬리표에서 벗어날 수 없었다.

路 길 로 | 柳 버들 류 | 墻 담 장 | 花 꽃 화

老馬之智 노마지지

늙은 말의 지혜라는 뜻으로, 아무리 하찮은 것일지라도 나름대로 장점이 있다는 말이다.

예문) 아무리 하찮게 보여도 무시해서는 안 된다. 노마지지란 말이 괜히 있는 것이 아니다.

老 늙을 노 | 馬 말 마 | 之 갈 지 | 智 슬기 지

勞心焦思 노심초사

몹시 마음을 쓰면서 애태우는 것을 뜻한다.

예문) 노심초사해봤자 이제는 소용없는 일이니 마음을 접고 기다리자.

勞 일할 노 | 心 마음 심 | 焦 그을릴 초 | 思 생각 사

綠林 녹림

푸른 숲이란 뜻으로, 본래는 형주(荊州)에 있는 산 이름이었으나 변하여 도둑의 소굴을 가리킨다.

예문) 그는 녹림에서 소문난 인물로 그를 잡기 위해 호시탐탐 노리는 자들이 많이 있다.

綠 초록빛 녹 | 林 수풀 림

綠楊芳草 녹양방초

푸름이 우거진 버드나무와 꽃다운 풀이라는 말로 녹음이 우거진 여름철을 뜻한다.

[예문] 녹양방초에 파묻혀 있노라니 세상 근심이 모두 날아간다.

綠 푸를 녹 | 楊 버들 양 | 芳 꽃다울 방 | 草 풀 초

綠衣紅裳 녹의홍상

연두색 저고리에 다홍치마라는 말로 곱게 차려 입은 젊은 아가씨의 차림을 뜻한다.

[예문] 녹의홍상의 자태가 한 폭의 그림처럼 아름답구나.

綠 초록빛 녹 | 衣 옷 의 | 紅 붉을 홍 | 裳 치마 상

論功行賞 논공행상

공을 어느 정도나 세웠는지 판가름하여 거기에 알맞은 상을 준다는 뜻이다.

[예문] 이번 대회에서만큼은 사람들의 비난을 받지 않도록 논공행상 해야 한다.

論 말할 논 | 功 공 공 | 行 행할 행 | 賞 상줄 상

弄假成眞 농가성진

장난삼아 한 짓이 진심으로 한 것처럼 되었다는 뜻이다.

예문: 우리가 비록 농가성진으로 벌인 일이지만 좋은 결과를 가져왔으니 문제될 것은 없지 않느냐.

弄 희롱할 **농** | 假 거짓 **가** | 成 이룰 **성** | 眞 참 **진**

累卵之危 누란지위

계란을 쌓아놓은 것처럼 위태로운 모양이란 뜻으로, 아슬아슬하고 위험한 상태를 가리킨다.

예문: 우리 팀은 이제 누란지위에 이르렀습니다. 더 이상 버텨나갈 수 없을 것으로 보입니다.

累 묶을 **누** | 卵 알 **란** | 之 갈 **지** | 危 위태할 **위**

雷聲霹靂 뇌성벽력

천둥소리와 벼락을 함께 이르는 말이다.

예문: 갑작스러운 뇌성벽력에 아이들이 놀라 소리를 지르고 눈물을 흘렸다.

雷 우뢰 **뇌** | 聲 소리 **성** | 霹 벼락 **벽** | 靂 벼락 **력**

能書不擇筆 능서불택필

글씨를 잘 쓰는 사람은 붓을 가리지 않는다는 말로, 재주와 능력이 뛰어난 사람은 도구에 구애받지 않고 일을 잘 처리한다는 뜻이다.

예문 예로부터 실력이 뛰어난 자는 능서불택필한다고 했다. 더 이상 불평하지 마라.

能 능할 **능** | 書 글 서 | 不 아니 **불** | 擇 가릴 택 | 筆 붓 필

能小能大 능소능대

모든 일에 두루두루 능하다는 뜻이다. 또 남들과 사귀는 수완이 뛰어날 때도 사용한다.

예문 그는 팔방미인이란 별명이 아주 잘 어울리는 능소능대한 사람이다.

能 능할 **능** | 小 작을 소 | 能 능할 **능** | 大 큰 대

多岐亡羊
다기망양

달아난 양을 찾는데 길이 여러 갈래로 나뉘어져 놓쳤다는 뜻으로, 학문의 길이 여러 갈래여서 진리를 얻기 힘든 경우를 말한다.

[예문] 아무리 공부해도 다기망양하기만 하다.

多 많을 **다** | 岐 갈림길 **기** | 亡 망할·달아날 **망** | 羊 양 **양**

多多益善
다다익선

많으면 많을수록 좋다는 뜻이다.

[예문] 사양하지 말고 받으십시오. 다다익선이라고 하지 않았습니까.

多 많을 **다** | 益 더할 **익** | 善 착할·좋을 **선**

多才多能
다재다능

재주와 능력이 많다는 뜻이다.

[예문] 이런 작은 규모의 회사에서 근무하기에는 그녀의 다재다능한 능력이 아깝기만 하다.

多 많을 **다** | 才 재주 **재** | 能 능할 **능**

斷機之敎 단기지교

학문을 중도에 그만 두는 것은 열심히 짜고 있던 베를 끊는 것과 마찬가지라는 뜻이다.(맹자 어머니의 교훈)

[예문] 네가 지금 여기서 포기하는 것은 단기지교가 아니고 무엇이겠느냐.

斷 끊을 **단** | **機** 틀 **기** | **之** 갈 **지** | **交** 사귈 **교**

單刀直入 단도직입

혼자서 칼을 휘두르고 거침없이 쳐들어간다는 말로, 너절한 서두를 빼고 바로 요점이나 본론으로 들어간다는 뜻이다.

[예문] 자질구레한 말은 그만두시고 단도직입적으로 말해 주십시오.

單 홑 **단** | **刀** 칼 **도** | **直** 곧을 **직** | **入** 들 **입**

丹脣皓齒 단순호치

'붉은 입술과 하얀 이'란 말로, 여자의 아름다운 얼굴을 뜻한다.

[예문] 그녀의 단순호치에 많은 남자들이 넋을 잃고 쳐다보았다.

丹 붉을 **단** | **脣** 입술 **순** | **皓** 흴 **호** | **齒** 이 **치**

簞食瓢飮
단사표음

변변치 못한 음식을 비유한 말로 매우 가난한 살림살이를 뜻한다.

[예문] 단사표음으로 생활하지만 그 식구들은 아무런 불평을 하지 않고 행복하게 산다.

簞 대광주리 **단** | 食 먹이 **사** | 瓢 박 **표** | 飮 마실 **음**

斷腸
단장

창자가 끊어진다는 뜻으로, 주로 참을 수 없는 슬픔에 사용한다.

[예문] 부모를 잃은 그는 단장과 같은 슬픔에 몸도 가누지 못했다.

斷 끊을 **단** | 腸 창자 **장**

堂狗風月
당구풍월

서당 개 삼 년이면 풍월을 읊는다는 말로 무식한 사람이라도 유식한 사람들과 오래 사귀면 자연스레 견문이 넓어진다는 뜻이다.

[예문] 당구풍월이라고 했으니 이 학교를 다니는 것이 그래도 낫지 않겠느냐.

堂 집 **당** | 狗 개 **구** | 風 바람 **풍** | 月 달 **월**

螳螂拒轍 당랑거철

사마귀가 수레바퀴는 먹는다는 말로 제 힘으로 당해 내지 못할 것을 생각하지도 않고 함부로 덤빈다는 뜻이다.

【예문】 당랑거철하는 꼴이 그런 비참한 결과를 불러올 줄 알았다.

螳 사마귀 **당** | 螂 사마귀 **랑** | 拒 막을 **거** | 轍 바퀴자국 **철**

螳螂之斧 당랑지부

사마귀가 도끼를 휘두르듯 앞다리를 들고 마구 덤빈다는 말로, 힘없는 사람이 제분수도 모르고 강적에게 대항한다는 뜻이다.

【예문】 제 능력도 모르고 당랑지부하다가는 수모를 당하고 말 것이다.

螳 사마귀 **당** | 螂 사마귀 **랑** | 之 갈 **지** | 斧 도끼 **부**

大驚失色 대경실색

아주 크게 놀라서 얼굴빛이 하얗게 변하는 것을 이르는 말이다.

【예문】 그가 전해 준 소식에 그녀는 대경실색하고 말았다.

大 큰 **대** | 驚 놀랄 **경** | 失 잃을 **실** | 色 빛 **색**

大器晩成
대기만성

큰 그릇은 오랜 시간 많은 노력을 들여야 만들어진다는 말로 큰 인물이 되기 위해서는 많은 노력과 시간이 필요하다는 뜻이다.

예문 너는 누가 뭐래도 대기만성할 인물이니 실망하지 말고 계속 노력해라.

大 큰 대 | 器 그릇 기 | 晩 늦을 만 | 成 이룰 성

大同小異
대동소이

글자 뜻대로 '크게는 같고, 작게는 다르다'는 뜻으로 비슷비슷하다고 할 때 사용한다.

예문 대동소이한 사람들이 서로 잘났다고 설쳐 대는 꼴이 우습구나.

大 큰 대 | 同 한 가지 동 | 小 작을 소 | 異 다를 이

大聲痛哭
대성통곡

아주 큰 소리로 목을 놓아 슬프게 우는 것을 말한다.

예문 이번 화마로 사랑하는 사람들을 잃은 많은 이들이 대성통곡했다.

大 큰 대 | 聲 소리 성 | 痛 아플 통 | 哭 울 곡

大義滅親
대의멸친

큰 뜻을 위해서는 친족도 멸한다는 뜻으로, 국가나 사회의 대의를 위해서는 부모형제도 돌보지 않는다는 말이다.

[예문] 대의멸친의 명분을 세우기 위함이라고 해도 그의 이번 행동에는 비난이 따를 것이다.

大 큰 대 | 義 옳을 의 | 滅 멸망할 멸 | 親 친할 친

大義名分
대의명분

사람으로서 마땅히 지켜야 할 중대한 의리와 명분을 말한다. 행동의 근거가 되는 명백한 도리를 뜻하기도 한다.

[예문] 아무리 생각해도 대의명분이 없어 뜻을 함께 하지 못하겠습니다.

大 큰 대 | 義 옳을 의 | 名 이름 명 | 分 나눌 분

大慈大悲
대자대비

넓고 커서 끝이 없는 자비, 특히 관음보살이 중생을 사랑하고 불쌍히 여기는 마음을 가리킨다.

[예문] 대자대비하신 부처님의 뜻에 저도 함께 동참하고자 합니다.

大 큰 대 | 慈 사랑 자 | 大 큰 대 | 悲 슬플 비

徒勞無益
도로무익

노력만 하고 이익 되는 것이 없다는 뜻이다.

[예문] 정말이지 도로무익한 일에 왜 자꾸 나를 끌어들이는 것이냐.

徒 무리 도 | 勞 일할 로 | 無 없을 무 | 益 더할 익

道不拾遺
도불습유

길에 떨어진 것은 줍지 않는다는 뜻으로, 길바닥에 떨어진 남의 것을 줍지 않을 정도로 나라가 태평하게 잘 다스려졌다는 말이다.

[예문] 모든 백성이 남의 물건을 탐하지 않고 도불습유하는 모습이 언제까지고 계속 되길 바란다.

道 길 도 | 不 아니 불 | 拾 주을 습 | 遺 끼칠·잃을 유

度外視
도외시

법도의 밖으로 본다는 뜻으로, 중요시 생각하지 않고, 무시하거나 문제 삼지 않을 때 사용한다.

[예문] 이 문제를 도외시했다가는 큰 낭패를 보게 될 것이다.

度 법도 도 | 外 밖 외 | 視 볼 시

桃園結義
도원결의

복숭아밭에서 맺은 의로운 약속이라는 뜻으로, 의기투합해서 어떤 일을 도모할 때 비유적으로 쓰인다.

[예문] 도원결의하던 그날의 맹세를 잊지 말고 끝까지 함께 할 것을 약속합니다.

桃 복숭아나무 도 | 園 동산 원 | 結 맺을 결 | 義 의로울 의

道聽塗說
도청도설

길거리에 떠돌아다니는 근거 없는 뜬소문을 이르는 말이다.

[예문] 기껏 도청도설에 저리 휘둘리다니 정말이지 실망스럽기 그지없습니다.

道 길 도 | 聽 들을 청 | 塗 진흙 도 | 說 말씀 설

塗炭之苦
도탄지고

진흙탕과 숯불에 빠진 것과 같은 심한 괴로움, 곧 군주의 학정(虐政)으로 인한 백성들의 고통을 말한다.

[예문] 도탄지고에 빠진 백성들의 아픔이 그대로 느껴지는 처참한 상황입니다.

塗 진흙 도 | 炭 숯 탄 | 之 갈 지 | 苦 괴로울 고

獨不將軍
독불장군

혼자서는 장군을 하지 못한다는 말로, 남의 의견이나 뜻을 무시하고 혼자 모든 일을 독단적으로 하는 사람을 비유한다.

[예문] 그렇게 독불장군 식으로 일을 처리하다가는 나중에 외톨이가 되고 말 것이다.

獨 홀로 **독** | 不 아니 **불** | 將 장수·장차 **장** | 軍 군사 **군**

讀書三到
독서삼도

독서의 세 가지 법도, 즉 입으로 다른 말을 하지 않는 구도(口到), 눈으로 딴 것을 보지 않는 안도(眼到), 마음을 가다듬는 심도(心到)가 그것이다.

[예문] 그저 눈으로만 보지 말고 독서삼도하면 책을 읽는 기쁨이 더할 것이다.

讀 읽을 **독** | 書 글 **서** | 三 석 **삼** | 到 이를 **도**

讀書三昧
독서삼매

아무 생각 없이 오로지 책읽기에만 골몰하고 있는 상태를 말한다.

[예문] 이렇게 더운 날인데도 독서삼매에 빠져서 방에서 나올 생각을 안 한다.

讀 읽을 **독** | 書 글 **서** | 三 석 **삼** | 昧 어두울 **매**

獨也青青 독야청청

홀로 푸르다는 말로, 높은 절개를 지켜 늘 변함없음을 뜻하는 말이다.

[예문] 누가 뭐래도 독야청청할 것을 맹세합니다.

獨 홀로 **독** | 也 이끼·어조사 **야** | 靑 푸를 **청**

同價紅裳 동가홍상

같은 값이면 붉은 치마를 선택한다는 말로 동일한 가격이라면 품질이 좋은 것을 택한다는 뜻이다.

[예문] 동가홍상이라고 했거늘 아무렴 그것을 선택하겠니?

同 한가지 **동** | 價 값 **가** | 紅 붉을 **홍** | 裳 치마 **상**

同苦同樂 동고동락

괴로움과 즐거움을 함께 나눈다는 말로 함께 고생하고 즐거움도 함께 나눈다는 뜻이다.

[예문] 동고동락한 지난날을 떠올리니 세월이 무상하기만 하다.

同 한가지 **동** | 苦 쓸 **고** | 樂 즐거울 **락**

同工異曲
동공이곡

같은 악공이라도 곡조를 달리한다는 말로, 재주나 솜씨는 같아도 표현된 결과물은 다르다는 뜻이다.

[예문] 동공이곡이라고 했거늘 두 사람의 과제물이 이렇게 똑같다는 것이 말이 되느냐?

同 한가지 **동** | 工 장인 **공** | 異 다를 **이** | 曲 굽을 **곡**

東頭西尾
동두서미

생선의 머리는 동쪽, 꼬리는 서쪽에 놓아야 한다는 뜻이다.

[예문] 생선 머리를 서쪽에 놓으면 안 된다. 동두서미에 따라 놓아야 한다.

東 동녘 **동** | 頭 머리 **두** | 西 서녘 **서** | 尾 꼬리 **미**

棟梁之材
동량지재

기둥이나 대들보가 될 만한 훌륭한 인재, 즉 한 나라나 집안에서 큰일을 맡을 만한 사람을 가리킨다.

[예문] 이번 일만 보아도 그는 동량지재한 인물임에 틀림없다.

棟 용마루 **동** | 樑 들보 **량** | 之 갈 **지** | 材 내목 **재**

東問西答
동문서답

동쪽을 묻는데 서쪽을 대답한다는 말로 묻는 말에 대해 전혀 다른 엉뚱한 대답을 한다는 뜻이다.

[예문] 자꾸 동문서답하지 말고 질문을 잘 듣고 대답해라.

東 동녘 **동** | 問 물을 **문** | 西 서녘 **서** | 答 대답할 **답**

同病相憐
동병상련

같은 병을 앓는 사람끼리 서로 가엾게 여긴다는 뜻으로 어려운 처지에 있는 사람끼리 서로 동정하고 돕는 것을 말한다.

[예문] 이번 학기에 나란히 F 학점을 받은 두 사람은 동병상련의 처지가 되었다.

同 한 가지 **동** | 病 병·질병 **병** | 相 서로 **상** | 憐 불쌍히여길 **련**

東奔西走
동분서주

동쪽으로 뛰고 서쪽으로 뛴다는 뜻으로 사방으로 이리저리 부산하게 돌아다닌다는 말이다.

[예문] 동분서주한 그의 노력 덕택으로 일이 성사되었다.

東 동녘 **동** | 奔 달릴 **분** | 西 서녘 **서** | 走 달릴 **주**

同床異夢
동상이몽

같은 잠자리에서 서로 다른 꿈을 꾼다는 말로 겉으로는 같이 행동하면서 속으로는 각각 딴 생각을 한다는 뜻이다.

[예문] 아무리 아닌 척 말해도 동상이몽인 것을 숨길 수는 없다.

同 한가지 동 | 床 상 상 | 異 다를 이 | 夢 꿈 몽

杜門不出
두문불출

문을 닫고 나가지 않는다는 말로 세상과 인연을 끊고 바깥출입을 하지 않는다는 뜻이다.

[예문] 그는 두문불출하고 공부에만 매진해 결국 시험에 통과했다.

杜 팥배나무 두 | 門 문 문 | 不 아니 불 | 出 날 출

得隴望蜀
득롱망촉

농나라를 얻고 나면, 촉나라를 바란다는 뜻으로, 사람의 끝없는 욕심을 비유하는 말이다.

[예문] 사람의 욕심은 끝이 없다고 했다. 우리는 항상 득롱망촉하지 않도록 마음을 가다듬어야 한다.

得 얻을 득 | 隴 고개이름 롱 | 望 바랄 망 | 蜀 나라이름 촉

得失相半 득실상반

얻고 잃는 것이 서로 상반한다는 뜻으로, 이로움과 해로움이 서로 엇비슷하다는 말이다.

[예문] 이러니저러니 해도 득실상반일 뿐 더 이상의 결과는 얻지 못할 것이 불을 보듯 뻔하다.

得 얻을 **득** | 失 잃을 **실** | 相 서로 **상** | 半 반 **반**

得魚忘筌 득어망전

물고기를 잡고 나면 이용하던 통발은 잊어버린다는 말로 목적이 달성되면 그 목적을 위해 사용하던 수단은 잊어버린다는 뜻이다.

[예문] 하마터면 득어망전의 꼴로 전락할 뻔 했다.

得 얻을 **득** | 魚 물고기 **어** | 忘 잊을 **망** | 筌 통발 **전**

得意滿面 득의만면

뜻한 바를 얻어 기쁜 표정이 얼굴 가득하다는 뜻이다.

[예문] 이번 프로젝트를 성공시킨 그는 득의만면한 얼굴로 회사로 들어왔다.

得 얻을 **득** | 意 뜻 **의** | 滿 가득할 **만** | 面 낯 **면**

登高自卑
등고자비

높은 곳에 오르려면 낮은 곳에서부터 시작해야 한다는 말로 모든 일은 순서를 밟아야 한다는 뜻이다.

[예문] 등고자비하지 않고서 하루아침에 최고의 자리에 오를 수는 없다.

登 오를 등 | 高 높을 고 | 自 스스로 자 | 卑 낮을 비

登龍門
등용문

용이 되어 하늘로 올라가는 문이라는 뜻으로 입신출세의 어려운 관문을 말한다.

[예문] 이 가요제는 신인가수들의 등용문으로 여겨진다.

登 오를 등 | 龍 용 용 | 門 문 문

燈火可親
등화가친

등불을 가까이 할 만하다는 말로 가을이 되어 서늘해지면 등불을 가까이 해서 글 읽기에 좋다는 뜻이다.

[예문] 이제 여름도 끝 무렵으로 등화가친의 계절이 오고 있다.

燈 등잔 등 | 火 불 화 | 可 옳을 가 | 親 친할 친

馬脚露出 마각노출

말의 다리가 드러난다는 말로, 숨기고자 했던 정체가 드러난다는 뜻이다.

[예문] 끝끝내 자신을 밝히지 않으려고 했으나 마각노출되고 말았다.

馬 말 **마** | 脚 다리 **각** | 露 이슬 **노** | 出 날 **출**

磨斧作針 마부작침

도끼를 갈아서 바늘을 만든다는 뜻으로, 아무리 힘든 일이 있어도 노력하면 언젠가는 성공한다는 것을 비유한 말이다.

[예문] 실망하기에는 아직 이르다. 마부작침의 뜻을 새겨 더욱 분발하기 바란다.

磨 갈 **마** | 斧 도끼 **부** | 作 만들 **작** | 針 바늘 **침**

馬耳東風 마이동풍

남의 의견이나 충고 따위를 귀담아 듣지 않고 흘려버리는 것을 뜻한다. 동의어로 '우이독경(牛耳讀經, 쇠귀에 경 읽기)'이 있다.

[예문] 아무리 좋은 말을 해주어도 그는 마이동풍으로 넘길 뿐이다.

馬 말 **마** | 耳 귀 **이** | 東 동녘 **동** | 風 바람 **풍**

莫上莫下
막상막하

어느 것이 위아래인지 알 수 없다는 말로 실력에 있어 낫고 못함이 없이 비슷하다는 뜻이다.

[예문] 두 사람의 실력이 막상막하라 정확히 판가름하기가 어렵다.

莫 없을 **막** | 上 위 **상** | 莫 없을 **막** | 下 아래 **하**

莫逆之友
막역지우

마음에 조금도 거슬림이 없는 친구란 뜻으로, 더할 나위 없이 친한 허물없는 친구를 말한다.

[예문] 이 친구가 바로 나의 둘도 없는 막역지우입니다.

莫 없을 **막** | 逆 거스릴 **역** | 之 갈 **지** | 友 벗 **우**

輓歌
만가

수레를 끌고 갈 때 부르는 노래라는 뜻으로, 죽은 사람을 애도하며 부르는 노래를 말한다.

[예문] 거리에는 그를 애도하는 만가가 가득 차 슬픔을 더욱 크게 했다.

輓 수레끌·애도할 **만** | 歌 노래 **가**

萬頃蒼波 만경창파

만 이랑의 푸른 물결이라는 말로 한없이 넓고 푸른 바다를 뜻한다.

[예문] 만경창파를 앞에 두니 내가 한없이 작은 듯 느껴진다.

萬 일만 **만** | 頃 밭넓이단위 **경** | 蒼 푸를 **창** | 波 물결 **파**

萬古不變 만고불변

아주 오랜 세월이 흘러도 변하지 않는다는 뜻이다.

[예문] 근검절약은 만고불변의 미덕이라고 말씀하시던 모습이 생생하게 기억난다.

萬 일만 **만** | 古 예 **고** | 不 아니 **불** | 變 변할 **변**

萬古常靑 만고상청

만년이 지나도 항상 푸르다는 말로, 언제나 변함이 없음을 뜻한다.

[예문] 먼저 가신 분들의 뜻은 세월이 흘러도 변치 않고 만고상청할 것입니다.

萬 일만 **만** | 古 예 **고** | 常 떳떳할 **상** | 靑 푸를 **청**

萬古風霜
만고풍상

오랜 세월 겪은 수많은 어려움과 갖은 고생을 뜻한다.

예문) 만고풍상을 견뎌 낸 그의 얼굴이 이제는 오히려 평화롭게만 보인다.

萬 일만 **만** | 古 옛 **고** | 風 바람 **풍** | 霜 서리 **상**

萬事休矣
만사휴의

모든 일이 끝났다는 뜻으로, 더 이상 어떻게 해볼 방법이 없고 기대도 할 수 없을 때 쓰인다.

예문) 기름으로 뒤덮인 바다를 보고 주민들은 만사휴의에 빠져 몸과 마음을 추스르지 못하고 있다.

萬 일만 **만** | 事 일 **사** | 休 쉴 **휴** | 矣 어조사 **의**

萬壽無疆
만수무강

아무런 사고 없이 오래도록 산다는 말로 장수하기를 비는 말이다.

예문) 팔순이신 할머님께 만수무강하길 기도드린다는 편지를 드렸다.

萬 일만 **만** | 壽 목숨 **수** | 無 없을 **무** | 疆 지경 **강**

晩時之歎
만시지탄

때늦은 한탄이라는 뜻으로 기회를 잃고 때가 지났음을 한탄하는 말이다.

[예문] 지금 이 기회를 놓치면 언젠가는 만시지탄하고 말 것이다.

晩 저물 **만** | 時 때 **시** | 之 갈 **지** | 歎 읊을 **탄**

滿身瘡痍
만신창이

온몸에 성한 곳이라고는 없는 상처투성이라는 말로, 아주 몰골이 형편없이 엉망이라는 뜻이다.

[예문] 며칠째 산속을 헤매고 다닌 두 사람은 만신창이가 되어 돌아왔다.

滿 찰 **만** | 身 몸 **신** | 瘡 부스럼 **창** | 痍 상처 **이**

萬壑千峰
만학천봉

일만 골짜기와 일천 붕우리란 뜻으로 첩첩이 많은 골짜기와 산봉우리를 말한다.

[예문] 만학천봉에 가려 도대체 여기가 어딘지 가늠할 수조차 없다.

萬 일만 **만** | 壑 골 **학** | 千 일천 **천** | 峰 봉우리 **봉**

萬彙群象 만휘군상

세상에 있는 온갖 만물의 현상이라는 뜻으로 '삼라만상'이라고도 한다.

예문) 사람은 만휘군상과 접하는 순간부터 수많은 번뇌에 빠지게 된다.

萬 일만 **만** | 彙 무리 **휘** | 群 무리 **군** | 象 코끼리 **상**

亡國之音 망국지음

나라를 망하게 하는 음악이란 뜻으로 음란하고 사치한 음악을 가리킨다.

예문) 아무리 듣기 좋은 꾀꼬리 같은 소리라 할지라도 내 귀에는 망국지음에 지나지 않게 들린다.

亡 망할 **망** | 國 나라 **국** | 之 갈 **지** | 音 소리 **음**

忘年之交 망년지교

나이 차이를 잊고 허물없이 서로 사귄다는 뜻이다.

예문) 그녀가 비록 나이는 어리지만 배울 것이 많아 망년지교하고 싶은 사람이다.

忘 잊을 **망** | 年 해 **년** | 之 갈 **지** | 交 사귈 **교**

亡羊補牢
망양보뢰

어떤 일이 벌어지고 나서야 뒤늦게 대비한다는 말로 '소 잃고 외양간 고친다.'와 같은 뜻이다.

[예문] 이제 찾아가 사정한다고 해도 망양보뢰에 지나지 않을 뿐이다.

亡 망할 **망** | 羊 양 **양** | 補 기울 **보** | 牢 우리 **뢰**

望洋之嘆
망양지탄

바다를 바라보고 감탄한다는 뜻으로, 남의 위대함을 보고, 감탄하면서 자신의 미흡함을 부끄러워함을 비유하는 말이다.

[예문] 쭉쭉 뻗어가는 그의 실력은 나를 망양지탄에 빠지게 한다.

望 바랄 **망** | 洋 바다 **양** | 之 갈 **지** | 嘆 탄식할 **탄**

茫然自失
망연자실

제 정신을 잃고 어리둥절한 상태를 이르는 말이다.

[예문] 등록금을 잃어버리고 망연자실해 있는 친구를 보니 걱정이 된다.

茫 아득할 **망** | 然 그럴 **연** | 自 스스로 **자** | 失 잃을 **실**

望雲之情 망운지정

객지에서 부모를 생각하는 마음, 즉 자식이 부모를 그리는 정을 뜻한다.

[예문] 오랜 유학생활로 인해 망운지정이 깊어만 간다.

望 바랄 **망** | **雲** 구름 **운** | **之** 갈 **지** | **情** 뜻 **정**

妄自尊大 망자존대

망령되게 스스로를 높이며 잘났다고 뽐내고 남을 업신여긴다는 뜻이다.

[예문] 그런 식으로 망자존대하며 날뛰다가는 사람들의 손가락질을 받게 될 것이다.

妄 망령될 **망** | **自** 스스로 **자** | **尊** 높을 **존** | **大** 큰 **대**

麥秀之嘆 맥수지탄

보리가 빼어나게 자라는 모습을 보고 탄식한다는 뜻으로, 고국의 멸망을 탄식하는 것을 말한다.

[예문] 먼 타국에서 고국의 소식을 듣고 맥수지탄에 빠진 그의 심정은 이루 말할 수 없이 참담했다.

麥 보리 **맥** | **秀** 빼어날 **수** | **之** 갈 **지** | **嘆** 탄식할 **탄**

孟母斷機
맹모단기

맹자의 어머니가 짜고 있던 베틀의 옷감을 끊었다는 말로, 중도에 공부를 포기하는 것은 짜고 있던 베를 끊는 것과 같은 일이라는 뜻이다.

예문) 맹모단기를 떠올리며 포기란 두 단어를 머릿속에서 지워 버렸다.

孟 맏 **맹** | 母 어머니 **모** | 斷 끊을 **단** | 機 틀 **기**

孟母三遷
맹모삼천

맹자의 어머니가 아들 맹자를 바르게 가르치기 위해 세 번 이사했음을 이르는 말이다.

예문) 그녀는 맹모삼천을 실천하려는 듯 자식을 위해 벌써 세 번이나 이사를 했다.

孟 맏 **맹** | 母 어머니 **모** | 三 석 **삼** | 遷 옮길 **천**

面從腹背
면종복배

앞에서는 순종하는 체하고 속으로는 다른 마음을 먹는다는 뜻이다.

예문) 면종복배하는 자들일수록 상대방이 듣기에 좋은 말들을 많이 한다.

面 낯 **면** | 從 좇을 **종** | 腹 배 **복** | 背 등 **배**

滅私奉公
멸사봉공

사사로움을 버리고 공공의 이익을 위해 힘써 일한다는 뜻이다.

[예문] 저를 이번에 뽑아 주신다면 멸사봉공할 것을 여러분 앞에서 맹세합니다.

滅 멸망할 **멸** | 私 사사로울 **사** | 奉 받들 **봉** | 公 공평할 **공**

明鏡止水
명경지수

맑은 거울과 같이 수면이 잔잔한 물을 말하며, 사람의 맑고 고요한 마음가짐을 비유한다.

[예문] 명경지수와 같은 그의 심성은 누구도 비난하지 못하게 만든다.

明 밝을 **명** | 鏡 거울 **경** | 止 그칠 **지** | 水 물 **수**

名實相符
명실상부

이름과 실상이 서로 들어맞는다는 말로 알려진 것과 실제 능력이 동일하다는 뜻이다.

[예문] 그 대학은 명실상부한 대한민국 최고의 학교라고 할 수 있다.

名 이름 **명** | 實 열매 **실** | 相 서로 **상** | 符 부신 **부**

明若觀火
명약관화

불을 보는 것처럼 밝게 보인다는 말로 말할 나위 없이 명백하다는 뜻이다.

[예문] 아무리 우겨도 이 일은 명약관화한 것으로 결과는 보나마나 다.

明 밝을 **명** | 若 같을 **약** | 觀 볼 **관** | 火 불 **화**

命在頃刻
명재경각

목숨이 경각에 있다는 말로 거의 죽게 되어 숨이 곧 끊어질 지경에 이르렀다는 뜻이다.

[예문] 그의 정치적 생명은 명재경각의 위기를 맞고 있다.

命 목숨 **명** | 在 있을 **재** | 頃 밭넓이단위 **경** | 刻 새길 **각**

矛盾
모순

창과 방패라는 뜻으로 말이나 행동의 앞뒤가 서로 맞지 않음을 가리킬 때 쓰인다.

[예문] 거짓말을 일삼던 그는 이제 모순투성이인 자신의 말을 기억조차 하지 못한다.

矛 창 **모** | 盾 방패 **순**

目不識丁 목불식정

고무래를 보고도 고무래 정(丁) 자를 모른다는 뜻으로 낫 놓고 기역자도 모를 만큼 글자를 아예 모르거나 아주 무식하다는 뜻이다.

예문) 할아버님은 이제 목불식정은 면했다며 만학의 기쁨을 표현하셨다.

目 눈 **목** | 不 아니 **불** | 識 알 **식** | 丁 네째천간 **정**

目不忍見 목불인견

차마 눈을 뜨고 볼 수 없을 정도로 딱하거나 비참한 상황을 말한다.

예문) 홍수가 쓸고 간 그 자리는 목불인견으로 차마 말로 할 수 없을 정도이다.

目 눈 **목** | 不 아니 **불** | 忍 참을 **인** | 見 볼 **견**

猫項懸鈴 묘항현령

고양이 목에 방울 달기라는 말로, 실천할 수 없는 일은 아예 계획하지 말라는 뜻이다. 불가능한 일을 쓸데없이 의논하는 경우에도 쓴다.

예문) 밤새워 의논한 결과가 묘항현령에 지나지 않는 것이니 누구를 탓해야 하는가?

猫 고양이 **묘** | 項 목 **항** | 懸 매달 **현** | 鈴 방울 **령**

武陵桃源 무릉도원

이 세상에서 찾아볼 수 없는 별천지, 이상향을 말한다.

[예문] 스승님은 무릉도원을 찾아 떠난다는 쪽지를 남기고 흔적도 없이 사라지셨다.

武 굳셀 **무** | **陵** 큰 언덕 **릉** | **桃** 복숭아 **도** | **源** 근원 **원**

無不通知 무불통지

무슨 일이든지 통해서 모르는 것이 없다는 뜻이다.

[예문] 무불통지의 그 사람을 대표 자리에 선출한다면 만사가 해결될 것이다.

無 없을 **무** | **不** 아니 **불** | **通** 통할 **통** | **知** 알 **지**

巫山之夢 무산지몽

무산에서 꾼 꿈이란 뜻으로 남녀간의 은밀한 만남, 정사(情事)를 일컫는 말이다.

[예문] 두 사람의 사랑은 무산지몽처럼 깊었다.

巫 무당 **무** | **山** 뫼 **산** | **之** 갈 **지** | **夢** 꿈 **몽**

無所不知
무소부지

알지 못하는 바가 없다는 뜻으로 아주 박학다식함을 이르는 말이다.

[예문] 무소부지한 그에게는 척척박사라는 별명이 따라 붙는다.

無 없을 무 | 所 바 소 | 不 아니 부 | 知 알 지

無所不爲
무소불위

하지 못할 일이 없다는 뜻으로 절대적인 권력이나 능력을 말한다.

[예문] 과거에 무소불위의 권력을 휘두르던 사람이라고 상상이나 할 수 있겠느냐.

無 없을 무 | 所 바 소 | 不 아니 불 | 爲 할 위

無用之物
무용지물

쓸모가 없는 가운데서의 쓸모, 즉 아무 쓸모가 없는 것처럼 보이는 물건이 오히려 큰 구실을 하는 경우가 있다.

[예문] 이제는 무용지물에 지나지 않는 물건을 왜 그렇게 애지중지 하는지 모르겠다.

無 없을 무 | 用 쓸 용 | 之 갈 지 | 物 만물 물

無爲徒食 무위도식

아무 것도 하는 일없이 그저 놀고먹기만 하는 것을 뜻한다.

[예문] 무위도식하던 큰 아들이 이렇게 성공해서 돌아올 줄이야.

無 없을 무 | 爲 할 위 | 徒 무리 도 | 食 밥 식

無爲而化 무위이화

애써 바로 잡지 않아도 저절로 변해 잘 이루어진다는 말이다. 또는 성인의 덕이 크면 클수록 백성들이 진심으로 따른다는 뜻이다.

[예문] 그렇게 걱정하지 않아도 무위이화할 것이니 조금 여유를 갖고 기다려 보자.

無 없을 무 | 爲 할 위 | 而 말 이을 이 | 化 될 화

無障無碍 무장무애

막힐 것도 거리낄 것도 없다는 말로 아무런 거리낌이 없다는 뜻이다.

[예문] 무장무애의 삶을 실천하는 스님의 삶이 좋은 본보기가 되고 있다.

無 없을 무 | 障 막힐 장 | 無 없을 무 | 碍 거리낄 애

墨翟之守 묵적지수

묵적의 지킴이란 뜻으로 자신의 의견이나 주장을 굽히지 않고 끝까지 지키는, 융통성이 없음을 일컫는 말이다.

[예문] 묵적지수로 일관하기보다는 어느 정도 타협할 줄 아는 자세를 가져야 세상살이가 순조롭다.

墨 먹 **묵** | 翟 꿩 **적** | 之 갈 **지** | 守 지킬 **수**

刎頸之交 문경지교

'문경(刎頸)'은 목을 벤다는 뜻으로, 생사를 같이할 정도로 친한 사이를 이르는 말이다.

[예문] 문경지교하는 친구를 잃었으니 그의 슬픔이 얼마나 클지 짐작하고도 남음이다.

刎 목벨 **문** | 頸 목 **경** | 之 갈 **지** | 交 사귈 **교**

文房四友 문방사우

서재에 꼭 있어야 할 네 가지 벗, 즉 종이, 붓, 벼루, 먹을 말한다.

[예문] 선생님이 갖고 계신 문방사우는 누구라도 탐내는 훌륭한 것들이다.

文 글월 **문** | 房 방 **방** | 四 넉 **사** | 友 벗 **우**

聞一知十
문일지십

한 번 들으면 열을 안다는 뜻으로, 하나를 가르쳐 주면 그 하나를 통해 전체를 알 수 있을 만큼 총명하다는 뜻이다.

예문: 김 선생님은 문일지십하는 제자를 얻어 기쁘다면서 동료 교사에게 제자 자랑하기에 여념이 없다.

聞 들을 문 | 一 한 일 | 知 알 지 | 十 열 십

門前乞食
문전걸식

문 앞에서 밥을 얻어먹는다는 말로 이 집 저 집 돌아다니며 빌어먹는 것을 뜻한다.

예문: 문전걸식하던 습관을 버리지 못하고 남의 집 대문 앞에 가서 기웃거리고 있다.

門 문 문 | 前 앞 전 | 乞 빌 걸 | 食 밥 식

門前成市
문전성시

문 앞에 시장을 이룬다는 뜻으로 어떤 일이 크게 성공을 거두어 많은 사람들이 들락거리거나 축하할 때 사용한다.

예문: 우주인 선발에 최종 통과했다는 말이 돌자마자 그의 집은 문전성시를 이루어 발 디딜 틈이 없다.

門 문 문 | 前 앞 전 | 成 이룰 성 | 市 저자 시

門前雀羅 문전작라

문 앞에 새 잡는 그물이 쳐졌다는 말로, 세도가 몰락하여 새들이 모여들 정도로 방문객이 끊어져 한산한 상태를 일컫는 말한다.

[예문] 문전성시를 이루던 집 앞이 문전작라하니 더욱 초라해 보인다.

門 문 **문** | 前 앞 **전** | 雀 참새 **작** | 羅 새그물 **라**

勿失好機 물실호기

좋은 기회를 놓치지 않는다는 뜻이다.

[예문] 이번이 마지막이라는 심정으로 물실호기하기 바란다.

勿 말 **물** | 失 잃을 **실** | 好 좋을 **호** | 機 틀 **기**

物外閒人 물외한인

세상의 시끄러운 일에서 벗어나 한가하게 지내는 사람을 뜻한다.

[예문] 물외한인으로 지내는 그를 보니 산신령이 따로 없는 듯하구나.

物 만물 **물** | 外 바깥 **외** | 閒 틈 **한** | 人 사람 **인**

未亡人
미망인

남편을 따라서 죽었어야 할 아내가 죽지 않았다는 뜻으로 홀로된 여자가 자신을 겸손하게 부르는 말이다.

[예문] 그녀가 미망인이 된 지 벌써 십여 년이 흘렀다.

未 아직 **미** | 亡 망할 **망** | 人 사람 **인**

彌縫策
미봉책

터지거나 모자란 부분을 때우고 있다는 뜻으로 그때그때 임시변통하여 급한 순간을 모면할 때 사용한다.

[예문] 미봉책에 지나지 않는 방법으로는 오늘 하루도 버티기가 힘들 것으로 보인다.

彌 두루 **미** | 縫 꿰맬 **봉** | 策 채찍 **책**

美辭麗句
미사여구

아름다운 말과 글귀라는 말로 보통 아름다운 말로 꾸민 글귀를 뜻한다.

[예문] 온갖 미사여구를 동원한 그의 작품을 보자니 실소만 나올 뿐이다.

美 아름다울 **미** | 辭 말씀 **사** | 麗 고울 **여** | 句 글귀 **구**

美人薄命
미인박명

미인의 목숨은 짧다는 말로 흔히 미인은 불행하거나 병약해서 일찍 죽는 일이 많다는 뜻이다.

[예문] 미인박명은 그저 속설에 지나지 않는 말이니 그녀의 아름다움을 너무 걱정하지 말라.

美 아름다울 **미** | 人 사람 **인** | 薄 엷을 **박** | 命 목숨 **명**

尾生之信
미생지신

미생의 믿음이라는 뜻으로, 신의가 두터운 것을 말하기도 하고, 반대로 너무 우직하여 융통성이 없는 것을 가리키기도 한다.

[예문] 주변의 유혹에도 굴하지 않고 미생지신의 마음으로 그를 기다린 끝에 결국 두 사람은 결혼하기에 이르렀다.

尾 꼬리 **미** | 生 날 **생** | 之 갈 **지** | 信 믿을 **신**

美風良俗
미풍양속

아름답고 좋은 풍속을 뜻한다.

[예문] 미풍양속을 해치는 행동을 근절시키도록 도덕의식을 좀더 높여야 한다.

美 아름다울 **미** | 風 바람 **풍** | 良 어질 **양** | 俗 풍속 **속**

博覽强記 박람강기

동서고금의 다양한 많은 서적을 널리 읽고, 그 내용을 잘 기억한다는 뜻이다.

[예문] 그녀는 수많은 고전을 읽어 박람강기로 유명한 여성학자이다.

博 넓을 박 | 覽 볼 람 | 强 강할 강 | 記 기록할 기

博而不精 박이부정

여러 방면으로 널리 알지만 그것이 깊이가 있거나 정통하지 못하다는 뜻이다.

[예문] 그는 깊이 알기보다는 박이부정한 것이 목표라며 이것저것 조금씩 안 해 본 것이 없다.

博 넓을 박 | 而 말이을 이 | 不 아닐 부 | 精 쓿은쌀 정

拍掌大笑 박장대소

손바닥을 치면서 아주 크게 웃는다는 말이다.

[예문] 오랜만에 박장대소 했더니 손바닥이 다 아프다.

拍 칠 박 | 掌 손바닥 장 | 大 큰 대 | 笑 웃을 소

博學多識 박학다식

배운 것이 넓고 아는 것이 많다는 말로 학문이 넓고 식견이 많음을 뜻한다.

[예문] 어찌나 박학다식한지 그의 곁에는 언제나 지혜를 구하는 자들로 넘쳐난다.

博 넓을 **박** | 學 배울 **학** | 多 많을 **다** | 識 알 **식**

盤磎曲徑 반계곡경

정당하고 평탄한 방법이 아니라 그릇되고 억지스러운 방법으로 한다는 뜻이다.

[예문] 반계곡경의 방법으로 얻은 것은 언젠가는 화를 부르게 되어 있다.

盤 소반 **반** | 磎 시내 **계** | 曲 굽을 **곡** | 徑 지름길 **경**

反骨 반골

본래는 모반할 골상을 가리켰으나 오늘날은 어떤 세력이나 권위 따위에 순종하지 않고 버티는 기골, 또는 그런 사람을 일컫는다.

[예문] 불의와 타협하지 않는 그의 반골 기질이 오늘의 그를 있게 했다.

反 되돌릴 **반** | 骨 뼈 **골**

盤根錯節 반근착절

나무의 서린 뿌리와 얼크러진 마디라는 말로, 일이 얽히고설켜 해결하기 매우 어려울 때를 뜻한다.

예문 이렇게 어려운 반근착절의 때일수록 그의 지혜가 더욱 빛을 발한다.

盤 소반 **반** | **根** 뿌리 **근** | **錯** 섞일 **착** | **節** 마디 **절**

反目嫉視 반목질시

서로 눈을 흘기면서 시기한다는 말로 질투하며 미워한다는 뜻이다.

예문 반목질시는 다른 사람이 아닌 나 자신을 위해서 그만두어야 한다. 미워하는 마음으로 자신을 괴롭히지 말자.

反 되돌릴 **반** | **目** 눈 **목** | **嫉** 시기할 **질** | **視** 볼 **시**

半生半死 반생반사

거의 죽게 되어 생사를 알 수 없는 지경에 이르렀다는 말이다.

예문 선생님의 소문난 침술이 반생반사에 빠진 아내의 목숨을 구했습니다.

半 반 **반** | **生** 날 **생** | **半** 반 **반** | **死** 죽을 **사**

斑衣之戲
반의지희

때때옷을 입고서 하는 놀이라는 말로, 나이가 들어서도 부모를 기쁘게 하려고 색동저고리를 입고 기어 다녔다는 뜻이다.

[예문] 환갑이 넘은 나이에도 할아버님 앞에서 반의지희 하시는 모습을 보니 절로 고개가 숙여진다.

斑 아롱질 **반** | **衣** 옷 **의** | **之** 갈 **지** | **戲** 희롱할 **희**

反哺之孝
반포지효

까마귀 새끼가 자라서 부모에게 먹이를 물어다 주는 효심이라는 말로 자식이 자라서 부모를 봉양함을 뜻한다.

[예문] 인간으로서 반포지효를 행하지 않는 것은 금수만도 못한 일이리라.

反 되돌릴 **반** | **哺** 먹을 **포** | **之** 갈 **지** | **孝** 효도 **효**

拔本塞源
발본색원

나무의 뿌리를 뽑고 물의 원천을 막아버린다는 말로 폐단의 근원을 아주 뽑아 버리고 바로잡는다는 뜻이다.

[예문] 무슨 일이 있더라도 발본색원해서 앞으로는 이런 일이 다시는 없도록 하겠다.

拔 뺄 **발** | **本** 밑 **본** | **塞** 막힐 **색** | **源** 근원 **원**

跋扈 발호

대나무로 만든 통발을 뛰어넘는다, 즉 함부로 날뛴다는 뜻으로 힘이 강해진 아랫사람이 윗사람의 권한을 침범할 때 하는 말이다.

[예문] 나쁜 세력이 발호하지 못하도록 경계를 더욱 강화해야 한다.

跋 밟을 발 | 扈 뒤따를 호

傍若無人 방약무인

곁에 아무도 없다는 뜻으로, 남의 입장을 생각하지 않고 거리낌 없이 함부로 행동하는 것을 가리킨다.

[예문] 남의 입장을 생각하지 않는 그의 방약무인한 행동은 어제오늘의 일이 아니다.

傍 곁 방 | 若 같을 약 | 無 없을 무 | 人 사람 인

蚌鷸之爭 방휼지쟁

방합과 도요새의 다툼이라는 뜻으로, 제3자만 이롭게 하는 다툼을 뜻한다.

[예문] 두 사람에게는 아무런 득도 되지 않는 이 싸움이 바로 방휼지쟁이 아니고 무엇이겠는가?

蚌 방합 방 | 鷸 도요새 휼 | 之 갈 지 | 爭 다툴 쟁

杯盤狼藉 배반낭자

술잔과 접시가 마치 이리에게 짓밟힌 풀처럼 어지럽게 흩어져 있다는 말로, 술을 마시고 한창 노는 모습을 뜻한다.

[예문] 배반낭자한 자리에 어울리지 못하고 혼자 소외된 듯 보인다.

杯 잔 배 | 盤 소반 반 | 狼 이리 낭 | 藉 깔 자

背水陣 배수진

물을 등지고 진을 친다는 뜻으로 어떤 일에 죽음을 각오하고 임하는 것을 가리킨다.

[예문] 더 이상 물러설 수 없는 상황이라 그들은 배수진을 치고 결전의 날이 오기만을 기다리고 있다.

背 등 배 | 水 물 수 | 陣 줄 진

背恩忘德 배은망덕

은혜를 저버리고 오히려 배반한다는 뜻이다.

[예문] 지난날에 어떤 은혜를 입었는지 생각도 안 나는 듯 그는 배은망덕한 행동을 일삼았다.

背 등 배 | 恩 은혜 은 | 忘 잊을 망 | 德 큰 덕

杯中蛇影
배중사영

잔 속에 비친 뱀 그림자라는 뜻으로, 아무 것도 아닌 일에 의심을 품고, 신경 쓰는 경우를 이르는 말이다.

[예문] 별것도 아닌 일에 그렇게 힘을 쏟고 신경을 곤두세웠으니 배중사영이 아니고 무엇이겠는가.

杯 잔 **배** | 中 가운데 **중** | 蛇 뱀 **사** | 影 그림자 **영**

白骨難忘
백골난망

흰 뼈가 되어도 잊기 어렵다는 말로 죽어도 잊지 못할 큰 은혜를 뜻한다.

[예문] 아무런 관계도 없는 저에게 이런 도움을 주시다니 정말이지 백골난망입니다.

白 흰 **백** | 骨 뼈 **골** | 難 어려울 **난** | 忘 잊을 **망**

百年佳約
백년가약

백년을 두고 하는 아름다운 약속이라는 뜻으로 보통 부부가 되겠다는 약속을 가리킨다.

[예문] 젊은 두 남녀는 백년가약을 맺고 신혼여행 길에 올랐다.

百 일백 **백** | 年 해 **년** | 佳 아름다울 **가** | 約 맺을 **약**

百年大計 백년대계

백년 뒤까지 생각한 큰 계획, 즉 먼 앞날까지 내다보고 걸쳐 세우는 큰 계획을 말한다.

[예문] 나라의 백년대계인 교육을 위한 일이니 쉽게 결정한 사항은 아닌 듯 보인다.

百 일백 **백** | 年 해 **년** | 大 큰 **대** | 計 꾀 **계**

百年河淸 백년하청

중국의 황하는 항상 물이 흐려 있어서 백 년에 한 번 물이 맑아질까 말까 한다는 뜻으로 아무리 기다려도 실현될 가망이 없을 때 사용한다.

[예문] 그의 제안은 백년하청이 될 것이라며 주민들은 누구도 찬성하지 않았다.

百 일백 **백** | 年 해 **년** | 河 물 **하** | 淸 맑을 **청**

百年偕老 백년해로

부부가 되어 한평생을 다복하게 지내고 즐겁게 함께 늙어간다는 뜻이다.

[예문] 백년해로한 두 분은 말하지 않고 서로의 눈빛만 보아도 무슨 말을 하고 싶은지 알 수 있다고 하셨다.

百 일백 **백** | 年 해 **년** | 偕 함께 **해** | 老 늙은이 **로**

百面書生 백면서생

얼굴이 하얀 선비, 곧 글만 읽을 줄 알 뿐 세상일을 전혀 모르는, 경험이 없는 젊은이를 일컫는 말이다.

[예문] 잘난 듯 앞에 나서서 아무리 떠들어도 백면서생의 속빈 강정인 경험담일 뿐이다.

白 흰 백 | 面 얼굴 면 | 書 글 서 | 生 날 생

百聞而不如一見 백문이불여일견

백 번 듣는 것보다 한 번 보는 것이 낫다는 뜻이다. 무슨 일이든지 전해 듣는 것보다는 직접 보는 것이 더욱 확실하다는 말이다.

[예문] 백문이불여일견이라 했으니 모두들 그곳에 직접 가서 눈으로 확인한 뒤에 결론을 내립시다.

百 일백 백 | 聞 들을 문 | 而 말이을 이 | 不 아니 불 | 如 같을 여 | 一 한 일 | 見 볼 견

白眉 백미

흰눈썹이라는 뜻으로 여러 사람들 중에서 가장 뛰어난 사람이나 물건을 가리키는 말이다.

[예문] 수많은 그림 중에 이 작품이 백미인 까닭을 알겠느냐?

白 흰 백 | 眉 눈썹 미

百發百中
백발백중

백 번 쏘아 백 번 다 맞힌다는 뜻으로, 무슨 일이 나 틀린 적이 없이 잘 들어맞을 때 사용한다. 실패가 없이 꼭꼭 잘 맞음을 일컫는 말이다.

예문: 이번 실패로 인해 백발백중이라던 그의 명성이 날아가게 생겼다.

百 일백 **백** | 發 필 **발** | 中 가운데 **중**

白髮三千丈
백발삼천장

하얗게 센 머리카락의 길이가 삼천 길이나 된다는 뜻으로, 근심이 깊음을 의미한다. 또는 너무 과장된 일을 가리키기도 한다.

예문: 근심이 얼마나 깊었는지, 이번 일을 두고 백발삼천장이라고 표현한 그의 말이 그렇게 과장된 것만은 아니다.

白 흰 **백** | 髮 머리터럭 **발** | 三 석 **삼** | 千 일천 **천** | 丈 길이·어른 **장**

伯牙絶絃
백아절현

백아가 거문고의 줄을 끊는다는 뜻으로, 자기를 알아주는 절친한 친구의 죽음, 혹은 그 죽음을 슬퍼함을 일컫는 말이다.

예문: 백아절현의 슬픔으로 그녀는 거의 실신 지경에 이르렀다.

伯 맏·우두머리 **백** | 牙 어금니 **아** | 絶 끊을 **절** | 絃 악기줄 **현**

白眼視
백안시

흘겨본다는 뜻으로 대수롭지 않게 여기어 눈을 흘기거나 냉대하는 것을 말한다.

[예문] 그는 네가 그렇게 백안시할 상대가 아니다.

白 흰 **백** | 眼 눈 **안** | 視 볼 **시**

白衣從軍
백의종군

마땅한 벼슬이 없이 군대를 따라 싸움터에 나간다는 뜻이다.

[예문] 군인들은 나라를 위해 백의종군하겠다며 굳은 결심을 보여주었다.

白 흰 **백** | 衣 옷 **의** | 從 좇을 **종** | 軍 군사 **군**

伯夷叔齊
백이숙제

중국 주나라의 전설적인 형제 성인인 백이와 숙제를 아울러 이르는 말이다.

[예문] 그들은 백이숙제처럼 산나물로 연명하며 뜻을 굽히지 않겠다고 전했다.

伯 맏 **백** | 夷 오랑캐 **이** | 叔 아재비 **숙** | 齊 가지런할 **제**

百戰老將
백전노장

많은 싸움을 겪은 노련한 장수로 산전수전 다 겪어 여러 가지로 능란한 사람을 이른다.

[예문] 아버지는 백전노장다운 면모를 마음껏 발휘하고 오셨다.

百 일백 **백** | 戰 싸울 **전** | 老 늙을 **노** | 將 장수 **장**

百戰百勝
백전백승

백번 싸우면 백번 다 이긴다는 뜻으로 싸울 때마다 항상 이긴다는 말이다.

[예문] 백전백승인 그의 기록이 언제까지 계속될지 사람들의 관심이 집중되고 있다.

百 일백 **백** | 戰 싸울 **전** | 勝 이길 **승**

百折不屈
백절불굴

여러 번 꺾여도 절대 굽히지 않는다는 말로 어떠한 난관에도 굴하지 않는다는 뜻이다.

[예문] 뜻을 함께 해주신 여러분과 백절불굴의 정신으로 맞서 싸울 것을 다짐합니다.

百 일백 **백** | 折 꺾을 **절** | 不 아니 **불** | 屈 굽을 **굴**

栢舟之操 백주지조

편벽나무의 지조란 뜻으로, 과부의 굳은 정조, 곧 남편을 여읜 아내가 정절을 지켜 재가 하지 않는 것을 말한다.

[예문] 무려 50여 년을 백주지조한 그녀는 마침내 자식들이 보는 앞에서 생을 마감했다.

栢 나무이름 **백** | 舟 배 **주** | 之 갈 **지** | 操 잡을 **조**

佰仲之勢 백중지세

서로 엇비슷해서 낫고 못함이 없는 사이를 뜻한다.

[예문] 경기에 임한 두 팀의 실력이 백중지세라 승패가 쉽게 판가름 날 것 같지가 않다.

伯 맏 **백** | 仲 버금 **중** | 之 갈 **지** | 勢 기세 **세**

百尺竿頭 백척간두

백 자나 되는 높은 장대 끝이라는 말로 아주 위태롭고 어려운 지경에 빠진 것을 뜻한다.

[예문] 백척간두의 위기에 몰려 하마터면 큰 낭패를 볼 뻔했다.

百 일백 **백** | 尺 자 **척** | 竿 장대 **간** | 頭 머리 **두**

百八煩惱 백팔번뇌

불교 용어로 인간의 과거, 현재, 미래에 걸친 108가지의 번뇌를 말한다.

예문 그는 백팔번뇌의 심정으로 회장직에서 물러나기로 했다고 소감을 밝혔다.

百 일백 **백** | 八 여덟 **팔** | 煩 번거로울 **번** | 惱 번뇌할 **뇌**

繁文縟禮 번문욕례

문(文)도 번거롭고 예(禮)도 번거롭다는 뜻으로, 규칙이나 예절 등이 번거롭고 까다롭다는 말이다.

예문 시간만 낭비하는 번문욕례를 탈피하지 못하고 오늘도 쓸데없는 관행에 에너지를 소모하고 있다.

繁 번성할 **번** | 文 글월 **문** | 縟 꾸밀 **욕** | 禮 예도 **례**

病入膏肓 병입고황

병이 깊고 무거워져 회복할 기미가 보이지 않는 것을 가리키며, 나쁜 버릇이나 습관 등이 손을 쓸 수 없을 때 사용한다.

예문 장난감 모형을 모으는 그의 취미는 이미 병입고황의 상태였다.

病 병·질병 **병** | 入 들 **입** | 膏 살찔 **고** | 肓 명치끝 **황**

不俱戴天之讎
불구대천지수

함께 하늘을 이고 살지 못할 원수, 즉 원한이 너무 깊어 상대를 죽이든지, 내가 죽든지 결판을 내야 할 원수를 가리킨다.

[예문] 불구대천지수를 앞에 둔 그의 눈에는 불길이 이글이글 타올랐다.

不 아니 **불** | 俱 함께 **구** | 戴 (머리에)일 **대** | 天 하늘 **천** | 之 갈 **지** | 讎 원수 **수**

富貴榮華
부귀영화

부귀와 영화, 즉 재산이 많고 귀하게 되어서 세상의 온갖 영광을 누린다는 뜻이다.

[예문] 사람이 너무 부귀영화에만 집착하다 보면 정작 중요한 것이 무엇인지 잊게 될지도 모른다.

富 부자 **부** | 貴 귀할 **귀** | 榮 영화 **영** | 華 빛날 **화**

富貴在天
부귀재천

부귀를 얻는 일은 하늘의 뜻에 달려 있어 사람의 힘으로는 어쩔 수 없다는 말이다.

[예문] 인명은 물론 부귀도 재천이라 했으니 너무 안타까워하지 말고 순리에 따르도록 해라.

富 부자 **부** | 貴 귀할 **귀** | 在 있을 **재** | 天 하늘 **천**

不得要領
부득요령

요령을 얻지 못한다는 뜻으로, 말이나 글 또는 사건의 중요한 점을 파악할 수 없음을 이르는 말이다.

> **예문** 부득요령한 그의 말을 듣다 보면 정말 무슨 말을 하고 싶어서 그러는 건지 도통 알 수가 없다.

不 아니 **부** | 得 얻을 **득** | 要 구할·원할 **요** | 領 옷깃 **령**

駙馬
부마

임금의 사위를 일컫는 말이다.

> **예문** 이번에 세 번째 부마를 얻으신 왕의 얼굴에는 환한 웃음꽃이 피셨다.

駙 곁마·부마 **부** | 馬 말 **마**

夫婦有別
부부유별

부부 사이에는 엄숙한 분별이 있어야 한다는 뜻이다.

> **예문** 예전에는 모름지기 부부가 유별해야 가정생활이 평화롭다고 했다.

夫 지아비 **부** | 婦 지어미 **부** | 有 있을 **유** | 別 나눌 **별**

夫爲婦綱 부위부강

아내가 남편을 섬기는 것은 근본이라는 뜻이다

[예문] 요즘 시대에 부위부강 운운하는 것은 근시대적인 뒤떨어진 발상이라고 생각합니다.

夫 지아비 **부** | 爲 할 **위** | 婦 며느리 **부** | 綱 벼리 **강**

父爲子綱 부위자강

아들이 아버지를 섬기는 것은 근본이라는 뜻이다

[예문] 아버지를 존경해야 하는 것은 당연하지만 부위자강을 지나치게 내세우면 권위주의적이라는 소리를 듣기 쉽다.

父 아비 **부** | 爲 할 **위** | 子 아들 **자** | 綱 벼리 **강**

父子有親 부자유친

오륜(五倫)의 하나로 아버지와 아들 사이의 도는 친애(親愛)에 있다는 뜻이다.

[예문] 그 집안의 아버지와 아들은 부자유친의 좋은 본보기가 되고 있다.

父 아비 **부** | 子 아들 **자** | 有 있을 **유** | 親 친할 **친**

父傳子傳
부전자전

대를 이어 아버지가 아들에게 전한다는 말이다.

[예문] 부전자전이라더니 아버지의 노래 실력을 그대로 빼닮았구나.

父 아비 부 | 傳 전할 전 | 子 아들 자 | 傳 전할 전

不知其數
부지기수

그 수를 알 수 없을 정도로 매우 많다는 뜻이다.

[예문] 너 정도의 실력을 갖고 있는 사람은 부지기수로 많이 있다.

不 아니 부 | 知 알 지 | 其 그 기 | 數 셈 수

夫唱婦隨
부창부수

남편이 노래를 부르면 아내가 이를 따라 부른다는 말로 요즘은 남편 못지않은 아내를 일컫기도 한다.

[예문] 부창부수라더니 그의 아내는 고아원에서 아이들을 돌보며 자원봉사에 힘을 쏟고 있다.

夫 지아비 부 | 唱 노래 창 | 婦 아내 부 | 隨 따를 수

附和雷同
부화뇌동

우렛소리에 맞춰 함께 한다는 말로 뚜렷한 소신 없이 무조건 남이 하는 대로 덩달아 행동하는 것을 뜻한다.

[예문] 아무 생각 없이 부화뇌동하더니 이제야 그 대가를 치르게 되었구나.

附 붙을 **부** | 和 화할 **화** | 雷 우뢰 **뇌** | 同 한가지 **동**

北窓三友
북창삼우

거문고와 시와 술을 일컫는다.

[예문] 그들은 북창삼우를 벗 삼아 우울한 마음을 달래고 있었다.

北 북녘 **북** | 窓 창 **창** | 三 석 **삼** | 友 벗 **우**

粉骨碎身
분골쇄신

뼈는 가루가 되고 몸은 산산조각이 날 정도로 목숨을 다해 노력한다는 뜻이다.

[예문] 분골쇄신해 달라는 부탁에 그는 슬금슬금 도망쳐 버렸다.

粉 가루 **분** | 骨 뼈 **골** | 碎 부술 **쇄** | 身 몸 **신**

憤氣沖天 분기충천

분한 기운이 하늘을 찌를 듯 대단하다는 뜻이다.

예문) 분기충천한 그들의 마음을 달래기 위해 임원들은 농성장으로 급히 달려갔다.

憤 분할 **분** | 氣 기운 **기** | 衝 찌를 **충** | 天 하늘 **천**

焚書坑儒 분서갱유

책을 불사르고, 선비들을 산 채로 구덩이에 묻어 죽인 일로, 흔히 서적이나 인사들을 탄압하는 행위나 독재자를 말한다.

예문) 민주주의 사회에서 있을 수 없는 분서갱유의 조짐이 보이고 있다.

焚 불사를 **분** | 書 글 **서** | 坑 구덩이 **갱** | 儒 선비 **유**

不可思議 불가사의

사람의 생각으로는 헤아릴 수도 없다는 뜻으로 상상조차 할 수 없는 대단하고 오묘한 것을 말한다.

예문) 어제 일어난 사건은 불가사의한 일로 직접 눈으로 보지 않은 사람들은 믿으려고 하지 않았다.

不 아니 **불** | 可 옳을 **가** | 思 생각 **사** | 議 의논할 **의**

不顧廉恥
불고염치

염치를 돌아보지 않는다는 말로 체면과 염치를 생각하지 않는다는 뜻이다.

[예문] 그럼 불고염치하고 오늘 하루 신세를 지도록 하겠습니다.

不 아니 불 | 顧 돌아볼 고 | 廉 청렴할 염 | 恥 부끄러워할 치

不立文字
불립문자

말이나 글에 의지하지 않는다는 말로 불도의 깨달음은 마음과 마음으로 전한다는 뜻이다.

[예문] 불립문자로 소통하는 그들의 모습이 신비롭게만 보였다.

不 아니 불 | 立 설 립 | 文 글월 문 | 字 글자 자

不眠不休
불면불휴

자지도 않고 쉬지도 않는다는 뜻으로, 조금도 쉬지 않고 일한다는 말이다.

[예문] 쉬엄쉬엄 해야지 그렇게 불면불휴하다가는 큰 병이 날지도 모른다.

不 아니 불 | 眠 잠잘 면 | 休 쉴 휴

不問可知
불문가지

묻지 않아도 알 수 있다는 말로 옳고 그름을 묻고 확인하지 않아도 알 수 있다는 뜻이다.

[예문] 구태의연한 변명으로 일관해도 그 일은 불문가지로 누구나 알 수 있는 일이다.

不 아니 **불** | 問 물을 **문** | 可 옳을 **가** | 知 알 **지**

不問曲直
불문곡직

일의 옳고 그름에 대해 묻지 않고 다짜고짜로 행동한다는 뜻이다.

[예문] 자네가 불문곡직하고 시작한 일이니 누구를 원망할 수도 없는 일이네.

不 아니 **불** | 問 물을 **문** | 曲 굽을 **곡** | 直 곧을 **직**

不伐不德
불벌부덕

자신의 공적을 과시하지 않는다는 말이다.

[예문] 다시 한 번 불벌부덕하는 그의 면모가 빛나는 순간이었다.

不 아니 **불** | 伐 칠 **벌** | 不 아니 **부** | 德 큰 **덕**

不生不死 불생불사

살아 있는 것도 죽어 있는 것도 아니라는 말로 생겨나지도 사라지지도 않고 그대로 있다는 뜻의 불생불멸(不生不滅)과 같은 뜻이다.

[예문] 불생불사의 경지에 이른 노승은 속세의 사람이 아닌 듯 보였다.

不 아니 불 | 生 날 생 | 死 죽을 사

不撓不屈 불요불굴

휘지도 않고 굽히지도 않는다는 말로 한번 결심했으면 어떤 난관이 와도 굽히지 않고 앞으로 나아간다는 뜻이다.

[예문] 불요불굴의 정신과 용기로 민주주의 확립에 앞장서자.

不 아니 불 | 撓 어지러울 요 | 不 아니 불 | 屈 굽을 굴

不遠千里 불원천리

천 리 길도 멀다고 하지 않는다는 말로, 먼 길인 데도 개의치 않고 한걸음에 달려간다는 뜻이다.

[예문] 불원천리로 아들을 찾은 어머니의 모정에 다들 눈물을 머금었다.

不 아니 불 | 遠 멀 원 | 千 일천 천 | 里 마을 리

不撤晝夜
불철주야

밤과 낮을 가리지 않는다는 뜻이다.

[예문] 화마 앞에 불철주야 맞서시는 소방관님들의 노고에 깊은 감사를 드립니다.

不 아니 불 | 撤 거둘 철 | 晝 낮 주 | 夜 밤 야

不恥下問
불치하문

아랫사람에게 물어보는 것을 부끄럽게 여기지 않는다는 뜻이다.

[예문] 불치하문은 부끄러운 것이 아니다. 모르면서도 묻지 않는 것이 부끄러운 일이다.

不 아니 불 | 恥 부끄러워할 치 | 下 아래 하 | 問 물을 문

不偏不黨
불편부당

아주 공평해서 어느 한쪽으로 치우침이 없다는 뜻이다.

[예문] 불편부당하신 말씀에 누구도 이의를 제기하지 못할 것입니다.

不 아니 불 | 偏 치우칠 편 | 黨 무리 당

不學無識
불학무식

배우지 못해서 아는 것이 없다는 뜻이다.

[예문] 불학무식한 제가 어떻게 그런 자리에서 학생들을 가르칠 수 있겠습니까.

不 아니 불 | 學 배울 학 | 無 없을 무 | 識 알 식

不惑
불혹

미혹되지 않는다는 뜻으로, 하늘의 이치를 깨달아 흔들림이 없다는 뜻인데, 보통 나이 마흔 살을 이렇게 일컫는다.

[예문] 불혹을 코앞에 두고 보니 얼마 남지 않은 30대가 더욱 소중하게 느껴진다.

不 아니 불 | 惑 미혹할 혹

朋友有信
붕우유신

벗과 벗 사이에는 믿음이 있어야 한다는 뜻이다.

[예문] 붕우유신이라 했거늘 네 친구는 어째서 너를 믿지 못하고 번번이 확인 전화를 하니?

朋 벗 붕 | 友 벗 우 | 有 있을 유 | 信 믿을 신

鵬程萬里 붕정만리

붕새가 날아갈 길이 만리(萬里)나 된다는 말로 앞길이 매우 멀고도 멀다는 뜻이다.

[예문] 붕정만리라는 생각으로 차근차근 준비해야 한다.

鵬 붕새 붕 | 程 단위 정 | 萬 일만 만 | 里 마을·거리 리

非夢似夢 비몽사몽

꿈인지 생시인지 분간이 안 가는 어렴풋한 상태를 말한다.

[예문] 어제는 내가 비몽사몽이어서 제대로 듣지 못했습니다.

非 아닐 비 | 夢 꿈 몽 | 似 닮을 사 | 夢 꿈 몽

悲憤慷慨 비분강개

슬픔과 분함이 마음속에 가득 차 있다는 뜻이다.

[예문] 그녀는 비분강개한 마음을 쉽게 추스르지 못하고 있다.

悲 슬플 비 | 憤 결낼 분 | 慷 강개할 강 | 慨 분개할 개

非僧非俗 비승비속

중도 아니고 속인도 아니라는 말로, 이도저도 아닌 어중간함을 뜻한다.

[예문] 그는 산속에서 비승비속으로 살며 세상일에는 아주 무관심으로 일관하고 있다.

非 아닐 비 | 僧 중 승 | 非 아닐 비 | 俗 풍속 속

髀肉之嘆 비육지탄

무사가 오랫동안 전장에 나가지 않아 말 탈 일이 없어 넓적다리가 살찐 것을 탄식한다는 말로 할 일 없이 아까운 세월만 보낸다는 뜻이다.

[예문] 그는 부상으로 인해 경기에 나가지 못하고 비육지탄한 시간을 보냈다.

髀 넓적다리 비 | 肉 고기 육 | 之 갈 지 | 嘆 탄식할 탄

非一非再 비일비재

같은 일이나 현상이 한두 번이 아니고 자주 일어난다는 뜻이다.

[예문] 이런 일은 비일비재하게 일어나니 크게 신경 쓸 필요가 없다.

非 아닐 비 | 一 한 일 | 非 아닐 비 | 再 두 재

貧者一燈 빈자일등

가난한 사람이 밝힌 등불 하나라는 말로, 가난 속에서 보인 성의가 부귀한 사람들의 많은 보시(布施)보다도 가치 있다는 뜻이다.

예문: 이번 수재의연금 모금에 빈자일등의 마음으로 많은 사람들이 참여했다.

貧 가난할 빈 | 者 놈 자 | 一 한 일 | 燈 등잔 등

憑公營私 빙공영사

관청이나 공공의 일을 개인의 이익을 꾀하는 데 이용한다는 뜻이다.

예문: 빙공영사하는 자들은 발본색원해서 다시는 이런 일이 없도록 하겠다.

憑 기댈 빙 | 公 공평할 공 | 營 경영할 영 | 私 사사로울 사

氷炭之間 빙탄지간

얼음과 숯불의 사이라는 말로 서로 화합될 수 없음을 뜻한다.

예문: 아무리 세월이 흘렀다고 해도 빙탄지간하던 두 사람이 뜻을 모으겠는가?

氷 얼음 빙 | 炭 숯 탄 | 之 갈 지 | 間 사이 간

四顧無親 사고무친

친척이 없어 의지할 곳 없이 외롭다는 말이다.

예문 사고무친의 땅일지언정 그는 고국으로 돌아가고 싶다는 의사를 밝혔다.

四 넉 사 | 顧 돌아볼 고 | 無 없을 무 | 親 친할 친

四面楚歌 사면초가

사방에서 초나라의 노랫소리가 들린다. 다시 말해 적에게 완전히 포위되어 고립된 상태, 즉 어쩔 도리가 없는 막막한 상태를 가리킨다.

예문 후발업체들의 뛰어난 전략으로 인해 우리 회사는 사면초가의 위기상황에 직면했습니다.

四 넉 사 | 面 낯 면 | 楚 모형 초 | 歌 노래 가

事半功倍 사반공배

노력은 적게 했어도 결과적으로 이루어 낸 공은 크다는 뜻이다.

예문 운 좋게도 이번 일은 선생님의 도움으로 사반공배의 결과를 얻게 되었습니다.

事 일 사 | 半 반 반 | 功 공 공 | 倍 곱 배

四分五裂
사분오열

여러 쪽으로 찢어짐, 즉 어지럽게 분열된 것을 가리킨다.

예문: 사분오열된 회사 사람들을 하나로 뭉치게 할 좋은 방법이 없겠습니까?

四 넉 **사** | 分 나눌 **분** | 五 다섯 **오** | 裂 찢을 **열**

邪不犯正
사불범정

바르지 못한 것은 바른 것을 감히 범하지 못한다는 말로, 정의는 반드시 이긴다는 뜻이다.

예문: 갈수록 이 세상의 정의가 사라져 가고 있다고는 하지만 사불범정이라고 했으니 희망을 잃지 말자.

邪 간사할 **사** | 不 아니 **불** | 犯 범할 **범** | 正 바를 **정**

事不如意
사불여의

일이 뜻대로 되지 않는다는 뜻이다.

예문: 아무리 노력해도 사불여의가 되고 마니 운이라는 것도 필요한 모양이다.

事 일 **사** | 不 아니 **불** | 如 같을 **여** | 意 뜻 **의**

沙上樓閣
사상누각

모래 위에 지은 누각이라는 말로 사물의 기초가 견고하지 못해 오래 가지 못함을 이르는 뜻이다.

[예문] 그런 식으로 일처리를 했다가는 사상누각이 되고 말 것이다.

沙 모래 **사** | 上 위 **상** | 樓 다락 **누** | 閣 문설주 **각**

四書三經
사서삼경

유교(儒敎)의 경전(經典)인 사서(四書)와 삼경(三經)을 가리킨다.

[예문] 우리 교수님은 국내에서 최초로 사서삼경을 모두 번역하신 분이시다.

四 넉 **사** | 書 글 **서** | 三 석 **삼** | 經 지날·글 **경**

似而非
사이비

겉은 제법 진짜로 보이지만, 속은 전혀 다른 경우를 말한다.

[예문] 요즘은 워낙 유령단체가 많아서 사이비인지 아닌지 확실히 판단하고 들어가야 한다.

似 같을 **사** | 而 말이을 **이** | 非 아닐 **비**

獅子吼
사자후

사자의 부르짖음이란 뜻으로, 오늘날에는 열변이나 웅변을 뜻하는 말로 쓰인다.

예문) 그녀가 열정적으로 사자후를 토해 내자 관중들은 우레와 같은 박수로 화답했다.

獅 사자 **사** | 子 아들 **자** | 吼 울 **후**

蛇足
사족

뱀을 그리는데 실제로는 없는 발까지 그려 넣어 실패했다는 데서 온 말로 쓸데없는 짓을 하다가 오히려 일을 그르친다는 뜻이다.

예문) 이 부분은 사족으로 느껴지니 삭제하는 게 오히려 낫지 않을까 싶다.

蛇 뱀 **사** | 足 발 **족**

四知
사지

하늘이 알고, 땅이 알고, 네가 알고, 내가 안다는 뜻으로 이 세상에는 아무도 모르는 비밀이 없음을 비유하는 말이다.

예문) '낮 말은 새가 듣고 밤 말은 쥐가 듣는다.'는 말도 있고, '사지'라는 말도 있다. 세상에 비밀은 없다.

四 넉 **사** | 知 알 **지**

四通五達 사통오달

이리저리 여러 곳으로 길이 통한다는 말로 도로나 교통망 등이 사방으로 막힘없이 통한다는 뜻이다.

[예문] 사통오달의 서울역에서 연일 시위가 계속 되고 있다.

四 넉 사 | 通 통할 통 | 五 다섯 오 | 達 통달할 달

事必歸正 사필귀정

모든 일은 반드시 바른 데로 돌아가게 되어 있다는 뜻이다.

[예문] 진실이 반드시 승리함은 사필귀정이니 너무 걱정하지 마라.

事 일 사 | 必 반드시 필 | 歸 돌아갈 귀 | 正 바를 정

四海兄弟 사해형제

사해(四海)는 온 천하를 가리키는 말로, 모든 사람이 형제와 같다는 뜻이다. '사해동포(四海同胞)'도 같은 뜻으로 쓰인다.

[예문] 사해형제라고 했으니 인종에 구별을 두지 말고 모두 평등하게 대해야 한다.

四 넉 사 | 海 바다 해 | 兄 맏 형 | 弟 아우 제

死後藥方文
사후약방문

죽은 뒤에 약방문을 쓴다는 말로 때를 놓쳐 나중에 후회하고 낭패를 보는 경우를 가리킨다.

[예문] 이제 와서 그런 발표를 하는 것은 사후약방문에 지나지 않습니다.

死 죽을 **사** | 後 뒤 **후** | 藥 약 **약** | 方 모 **방** | 文 무늬 **문**

山紫水明
산자수명

산의 빛이 곱고 강물이 맑다는 뜻으로 산수의 경치가 좋음을 일컫는 말이다.

[예문] 한라산에 와보니 산자수명이라는 말을 실감하겠구나.

山 뫼 **산** | 紫 자주빛 **자** | 水 물 **수** | 明 밝을 **명**

山戰水戰
산전수전

산에서의 전투와 물에서의 전투를 다 겪었다는 말로 세상일에 경험이 많다는 뜻이다.

[예문] 그는 산전수전 겪은 다양한 경험을 통해 웬만한 것에는 놀라지도 않는다.

山 뫼 **산** | 戰 싸움 **전** | 水 물 **수**

山海珍味 산해진미

산과 바다의 맛있는 것들을 다 갖추어 아주 잘 차린 음식을 가리킨다.

[예문] 이번 생신에는 산해진미를 차려 놓고 어머니를 모셔올 예정이다.

山 뫼 산 | 海 바다 해 | 珍 보배 진 | 味 맛 미

殺身成仁 살신성인

자신의 몸을 희생해 인(仁=어진 일, 착한 일)을 이룩한다는 뜻으로 위급한 상황임에도 자신의 몸을 바쳐 옳은 일을 행할 때 사용한다.

[예문] 소방관의 살신성인이 빛을 발하는 순간이었다.

殺 죽일 살 | 身 몸 신 | 成 이룰 성 | 仁 어질 인

三綱五倫 삼강오륜

유교(儒敎) 도덕에서 바탕이 되는 세 가지 강령과 다섯 가지의 인륜을 가리키는 말이다.

[예문] 훈장님께서 서당 아이들에게 삼강오륜에 대해 가르치는 그림이다.

三 석 삼 | 綱 벼리 강 | 五 다섯 오 | 倫 인륜 륜

三顧草廬
삼고초려

초가집을 세 번이나 찾아갔다는 말로, 유능한 사람을 자기 사람으로 만들기 위해 진심으로 간곡하게 청할 때를 비유한다.

[예문] 회사에 반드시 필요한 인재를 확보하기 위해 김 대표는 삼고초려를 마다하지 않았다.

三 석 **삼** | 顧 돌아볼 **고** | 草 풀 **초** | 廬 오두막집 **려**

三旬九食
삼순구식

한 달에 아홉 끼를 먹을 정도로 매우 가난하다는 뜻이다.

[예문] 열심히 일해도 삼순구식할 수밖에 없는 이 구조적인 모순을 어떻게 해야 합니까?

三 석 **삼** | 旬 열흘 **순** | 九 아홉 **구** | 食 먹을 **식**

三十六計走爲上計
삼십육계주위상계

서른여섯 가지 계책 중에 달아나는 것이 제일 좋은 계책이라는 말로 일이 불리할 경우에는 도망가는 것이 제일 좋은 방법이라는 뜻이다.

[예문] 삼십육계주의상계라고 했으니 우리 일단은 여기서 멀리 도망치고 봅시다.

三 석 **삼** | 十 열 **십** | 六 여섯 **육** | 計 꾀·계략 **계** | 走 달릴 **주** | 爲 할 **위** | 上 위 **상**

三人成虎 삼인성호

사람 셋이 모이면 호랑이도 만들어 낸다는 말로, 곧 근거 없는 말이라도 여러 사람이 하면 이를 곧이듣는다는 뜻이다.

[예문] 이번 모함사건은 삼인성호의 대표적인 예라고 하겠다.

三 석 **삼** | 人 사람 **인** | 成 이룰 **성** | 虎 범 **호**

三日遊街 삼일유가

과거에 급제한 사람이 사흘 동안 시험관과 선배 등을 방문하던 일을 가리킨다.

[예문] 조선시대에는 과거에 합격한 사람에게 삼일유가를 주어 합격자는 어사화를 머리에 꽂고 인사를 다녔다.

三 석 **삼** | 日 날 **일** | 遊 놀 **유** | 街 거리 **가**

三從之道 삼종지도

여자는 어려서 아버이께 순종하고 결혼해서는 남편에게 순종하고, 남편이 죽은 뒤에는 아들을 따라야 한다는 뜻이다.

[예문] 삼종지도는 과거시대의 유물일 뿐이라고 당당히 말하던 그녀의 모습이 눈에 선하다.

三 석 **삼** | 從 좇을 **종** | 之 갈 **지** | 道 길 **도**

三尺童子
삼척동자

키가 석 자밖에 되지 않는 어린아이라는 말로, 철모르는 어린아이를 이른다.

[예문] 네 말대로 이 일은 삼척동자도 다 알 수 있을 정도로 당연한 사실이다.

三 석 **삼** | 尺 자 **척** | 童 아이 **동** | 子 아들 **자**

三遷之敎
삼천지교

맹자의 어머니가 아들의 교육을 위해 3번 이사했다는 말로 생활환경이 교육에 막대한 영향을 끼친다는 뜻이다.

[예문] 그의 성공은 삼천지교한 어머니의 덕이라고 해도 과언이 아니다.

三 석 **삼** | 遷 옮길 **천** | 之 갈 **지** | 敎 가르칠 **교**

喪家之狗
상가지구

상갓집의 개라는 말로, 기운 없이 초라한 모습으로 여기저기 기웃거리며 얻어먹을 것을 찾아다니는 사람을 빈정거리는 투로 일컫는 말이다.

[예문] 상가지구하는 모습이 영락없는 거지꼴이로구나.

喪 죽을 **상** | 家 집 **가** | 之 갈 **지** | 狗 개 **구**

傷弓之鳥
상궁지조

활에 상처를 입은 새는 굽은 나무만 보아도 놀란다는 뜻으로 한번 호되게 당한 일로 의심과 두려운 마음을 품는 것을 이르는 말이다.

[예문] '자라 보고 놀란 가슴 솥뚜껑 보고 놀란다.'는 말은 상궁지조를 단적으로 표현하는 말이다.

傷 다칠 **상** | 弓 활 **궁** | 之 갈 **지** | 鳥 새 **조**

上漏下濕
상루하습

위에서는 비가 새고 아래에서는 습기가 차오른다는 말로 가난한 집을 비유해서 일컫는 말이다.

[예문] 상루하습의 예전 모습은 전혀 찾아볼 수 없을 정도로 아주 크게 성공했구나.

上 윗 **상** | 漏 샐 **루** | 下 아래 **하** | 濕 젖을 **습**

桑田碧海
상전벽해

뽕나무 밭이 푸른 바다로 변한다는 뜻으로, 세상 모습이 몰라볼 정도로 달라진 것을 비유한 말이다.

[예문] 30여 년만에 고국을 찾은 노부부는 상전벽해라는 말을 실감했다.

桑 뽕나무 **상** | 田 밭 **전** | 碧 푸를 **벽** | 海 바다 **해**

上通下達
상통하달

아랫사람이 윗사람에게 의사를 통한다는 뜻이다.

[예문] 그녀는 이번에 상통하달의 핵심적 임무를 담당하기로 하고 회사를 옮겼다.

上 윗 **상** | 通 통할 **통** | 下 아래 **하** | 達 통달할 **달**

塞翁得失
새옹득실

한때의 이익이 앞날에 해가 되기도 하고 복이 되기도 한다는 뜻이다.

[예문] 인간만사 새옹득실이라고 어떻게 장담할 수 있겠습니까?

塞 변방 **새** | 翁 늙은이 **옹** | 得 얻을 **득** | 失 잃을 **실**

塞翁之馬
새옹지마

변방 늙은이의 말이란 뜻이지만, 사람의 일이란 무엇이 길하고 흉하며, 무엇이 복이 되고 화가 되는지 예측할 수 없다는 말이다.

[예문] 사람들은 그의 지난 세월을 두고 새옹지마 인생이라고 말하며 세상일은 그 무엇도 예측할 수 없다고 입을 모았다.

塞 변방 **새** | 翁 늙은이 **옹** | 之 갈 **지** | 馬 말 **마**

生者必滅 생자필멸

이 세상에 생명이 있는 것은 반드시 죽을 때가 있다는 뜻이다.

[예문] 생자필멸이라고 했으니 너무 슬퍼하지 말자.

生 날 생 | 者 놈 자 | 必 반드시 필 | 滅 멸망할 멸

胥動浮言 서동부언

거짓말을 퍼뜨려 인심을 소란하게 한다는 뜻이다.

[예문] 양심에 아무런 가책 없이 그런 식으로 서동부언하다가는 언젠간 큰코다칠 것이다.

胥 서로 서 | 動 움직일 동 | 浮 뜰 부 | 言 말씀 언

西施矉目 서시빈목

서시가 눈살을 찌푸린다는 뜻으로, 왜 그런지 이유도 모르고, 무조건 남이 하는 대로 흉내를 낸다는 말이다.

[예문] 일단 왜 그런지 이유를 알아봐야지 무조건 가담했다가는 서시빈목이라고 빈축을 살 것이다.

西 서녘 서 | 施 베풀 시 | 矉 찡그릴 빈 | 目 눈 목

先見之明
선견지명

앞을 내다보는 안목이라는 뜻으로 앞일을 미리 예측하고 판단하는 능력을 말한다.

[예문] 이번 일에도 선생님의 선견지명이 있었기에 우리가 살아날 수 있었습니다.

先 먼저 선 | 見 볼 견 | 之 갈 지 | 明 밝을 명

先公後私
선공후사

공적인 일을 먼저하고 사적인 일을 뒤로 미룬다는 뜻이다.

[예문] 선공후사에 따라 회사 일이 해결된 다음에 제 개인적인 볼일을 보도록 하겠습니다.

先 먼저 선 | 公 공평할 공 | 後 뒤 후 | 私 사사로울 사

善男善女
선남선녀

성품이 착한 남자와 여자라는 말로 보통 착하고 어진 사람들을 가리킨다.

[예문] 선남선녀들이 가득한 버스 안에서 흥겨운 노랫소리가 들렸다.

善 착할 선 | 男 사내 남 | 女 계집 녀

先始於隗
선시어외

먼저 높은 곳에서부터 시작하라는 뜻으로, 무슨 일을 시작할 때 가까이에 있는 나부터 시작하라는 말이다.

[예문] 말로만 떠들지 말고 선시어외해야 사람들이 하나둘 동참하게 될 것이다.

先 먼저 **선** | 始 처음 **시** | 於 어조사 **어** | 隗 험할·높을 **외**

先卽制人
선즉제인

먼저 선수를 치면 남을 제압할 수 있다는 뜻이다.

[예문] 별생각 없이 그 자리에 있던 사람들은 그의 선즉제인으로 모두 그 단체에 가입하고 말았다.

先 먼저 **선** | 卽 곧 **즉** | 制 마를 **제** | 人 사람 **인**

仙風道骨
선풍도골

뛰어난 풍채와 골격을 말한다.

[예문] 그의 선풍도골에 가슴 졸이는 여인들이 하나둘이 아니었다.

仙 신선 **선** | 風 바람 **풍** | 道 길 **도** | 骨 뼈 **골**

舌芒於劍 설망어검

혀가 칼보다 날카롭다는 말로 무력보다 글의 위력이 크다는 뜻이다.

[예문] 이번 사태는 설망어검의 진면목을 보여주는 사례로 후세까지 오래도록 기억될 것이다.

舌 혀 **설** | **芒** 끈 까끄라기 **망** | **於** 어조사 **어** | **劍** 칼 **검**

雪膚花容 설부화용

흰 살결에 고운 얼굴이란 말로 보통 미인의 얼굴을 뜻한다.

[예문] 그녀의 설부화용에 동네 총각들이 밤잠을 설쳤다.

雪 눈 **설** | **膚** 살갗 **부** | **花** 꽃 **화** | **容** 얼굴 **용**

雪上加霜 설상가상

눈 위에 또 서리가 덮인다는 뜻으로 불행이 엎친 데 덮친 격으로 연속해서 생긴다는 말이다.

[예문] 화마로 인해 잿더미가 된 마을에 설상가상으로 홍수가 났다.

雪 눈 **설** | **上** 위 **상** | **加** 더할 **가** | **霜** 서리 **상**

說往說來 설왕설래

서로 주장을 굽히지 않고 주고받으며 옥신각신 한다는 뜻이다.

[예문] 설왕설래하던 의원들은 아무런 소득 없이 그 자리를 떠나고 말았다.

說 말씀 **설** | 往 갈 **왕** | 來 올 **래**

纖纖玉手 섬섬옥수

가냘프고 고운 여자의 손을 가리킨다.

[예문] 모진 고생으로 그녀의 섬섬옥수는 옛이야기가 되어 버리고 말았다.

纖 가늘 **섬** | 玉 옥 **옥** | 手 손 **수**

盛者必衰 성자필쇠

세상일은 무상해 한번 성한 것은 반드시 쇠하게 되어 있다는 뜻이다.

[예문] 지난 세계의 역사를 살펴보면 성자필쇠의 이치를 깨달을 수 있다.

盛 성할 **성** | 者 놈 **자** | 必 반드시 **필** | 衰 쇠할 **쇠**

誠中形外
성중형외

마음속에 정성이 깃들면 반드시 외형(外形)으로 나타난다는 말로, 속마음에 있는 참됨은 숨겨도 자연히 밖으로 드러난다는 뜻이다.

예문: 누가 말해 주지 않아도 성중형외한 그의 성품은 고장 사람들이 다 알고 있다.

誠 정성 성 | 中 가운데 중 | 形 모양 형 | 外 밖 외

世俗五戒
세속오계

신라 26대 진평왕 때 원광법사가 세운 다섯 가지의 계율이란 뜻으로 사군이충, 사친이효, 교우이신, 임전무퇴, 살생유택이 포함된다.

예문: 운문사는 신라 원광 법사가 화랑에게 세속오계를 내린 곳으로 유명하다.

世 인간 세 | 俗 풍속 속 | 五 다섯 오 | 戒 경계할 계

歲寒三友
세한삼우

추운 겨울의 세 벗이라는 뜻으로 소나무, 대나무, 매화나무를 이르는 말이다.

예문: 선생님은 이번에 사군자가 아닌 세한삼우를 중심으로 한 전시회를 열었다.

歲 해 세 | 寒 찰 한 | 三 석 삼 | 友 벗 우

小心翼翼 소심익익

세심하게 마음을 써서 삼간다는 뜻이지만, 오늘날은 담력이 없는 것을 비유하는 말로 쓰인다.

[예문] 그렇게 전전긍긍하고 소심익익하는 자세로는 아무 것도 이룰 수 없다.

小 작을 **소** | 心 마음 **심** | 翼 날개 **익**

騷人墨客 소인묵객

시문과 서화를 일삼는 사람이란 말로 시인, 서예가, 화가 등을 일컫는다.

[예문] 이 고장은 유명한 소인묵객을 많이 배출한 곳으로 정평이 나 있다.

騷 떠들 **소** | 人 사람 **인** | 墨 먹 **묵** | 客 손 **객**

小人輩 소인배

간사하고 도량이 좁은 사람을 가리키는 말이다.

[예문] 그런 처신을 하다니 소인배가 따로 없구나.

小 작을 **소** | 人 사람 **인** | 輩 무리 **배**

小貪大失
소탐대실

작은 것을 탐하다가 큰 것을 잃는다는 말이다.

예문 하나를 얻으려고 발버둥치다 열을 잃게 되었으니 소탐대실이 아니고 무엇이냐?

小 작을 **소** | 貪 탐할 **탐** | 大 큰 **대** | 失 잃을 **실**

束手無策
속수무책

손을 묶인 듯이 어떻게 할 방법이 없다는 말로 어찌할 도리 없이 꼼짝할 수 없다는 뜻이다.

예문 자연의 대재앙 앞에 인간은 속수무책으로 당하고 있을 수밖에 없었다.

束 묶을 **속** | 手 손 **수** | 無 없을 **무** | 策 꾀 **책**

送舊迎新
송구영신

묵은해를 보내고 새해를 맞는다는 뜻이다.

예문 내일 송구영신 예배에 많은 분들이 함께 참석해 주셨으면 합니다.

送 보낼 **송** | 舊 예 **구** | 迎 맞이할 **영** | 新 새 **신**

宋襄之仁 송양지인

적에게도 인정을 베풀어야 한다고 한 송나라 양공의 고사에서 비롯된 말로, 무익한 정이나 필요 없는 동정을 비유할 때 쓰인다.

[예문] 무엇이든 지나쳐서 좋을 것은 없다. 그는 결국 송양지인이라며 비웃음을 사게 되었다.

宋 송나라 **송** | 襄 도울 **양** | 之 갈 **지** | 仁 어질 **인**

首丘初心 수구초심

여우도 죽을 때는 그 머리를 자기가 살던 구릉 쪽에 둔다는 말로 근본을 잊지 않는 것, 또는 고향을 절실히 그리는 향수 등을 뜻한다.

[예문] 여우도 수구초심 하거늘 인간이 어찌 고향을 그리지 않겠느냐.

首 머리 **수** | 丘 언덕 **구** | 初 처음·비로소 **초** | 心 마음 **심**

壽福康寧 수복강녕

오래 살며 복을 누리고, 몸이 건강하고 편안하다는 뜻이다.

[예문] 두 분 모두 수복강녕하시기를 간절히 바랍니다.

壽 목숨 **수** | 福 복 **복** | 康 편안할 **강** | 寧 편안할 **녕**

手不釋卷
수불석권

손에서 책을 놓지 않는다는 말로 열심히 공부한다는 뜻이다.

[예문] 몇 년을 수불석권하더니만 네가 결국에는 뜻을 이루게 되었구나.

手 손 수 | 不 아니 불 | 釋 풀 석 | 卷 쇠뇌 권

首鼠兩端
수서양단

쥐가 구멍 밖으로 머리만 내놓고 주위를 살핀다는 말로 곧 주저하면서 망설이고 있는 상태, 또는 기회를 엿보고 있는 상태를 뜻한다.

[예문] 더 이상 수서양단하고 있을 시간이 없다. 이제 결단을 내리고 행동에 돌입해야 한다.

首 머리 수 | 鼠 쥐 서 | 兩 둘 양 | 端 바를 단

修身齊家
수신제가

자신의 몸을 닦고 집안일을 잘 다스린다는 뜻이다.

[예문] 수신제가해야 다른 모든 일들도 잘 풀리게 되어 있다.

修 닦을 수 | 身 몸 신 | 齊 가지런할 제 | 家 집 가

水魚之交
수어지교

물과 물고기의 만남, 즉 물고기가 물을 만난 것처럼 잠시도 떨어져서 살 수 없는 친밀한 사이를 일컫는다. 변하지 않는 교우 관계에도 쓰인다.

[예문] 그녀는 수어지교라고 부를 만한 친구가 한 명도 없다며 눈물을 지어 보였다.

水 물 수 | 魚 물고기 어 | 之 갈 지 | 交 사귈 교

水滴穿石
수적천석

물방울이 돌을 뚫는다는 말로, 작은 노력이라도 끈기 있게 지속하거나 미미한 작은 힘도 모으면 큰일을 이룰 수 있음을 비유할 때 사용한다.

[예문] 태안에 모인 자원봉사자들의 수적천석으로 바다는 머지않아 깨끗해질 것이라 믿는다.

水 물 수 | 滴 물방울 적 | 石 돌 석 | 穿 뚫을 천

守株待兔
수주대토

그루터기를 지키며 토끼가 나오기만을 기다린다는 말로, 어떤 착각에 사로잡혀 되지 않는 일을 고집하는 융통성 없는 처사를 가리킨다.

[예문] 수주대토한 결과 결국에는 3년이라는 시간을 버린 꼴이 되고 말았다.

守 지킬 수 | 株 그루 주 | 待 기다릴 대 | 兔 토끼 토

壽則多辱
수즉다욕

오래 살면 욕이 되는 일도 많이 겪는다는 말로 오래 살면 살수록 수치스러운 일을 그만큼 많이 겪게 된다는 뜻이다.

[예문] 이번에 자식을 잃은 김 노인은 모든 것이 다 수즉다욕의 결과라며 눈물을 흘렸다.

壽 목숨 수 | 則 곧 즉 | 多 많을 다 | 辱 욕되게 할 욕

宿虎衝鼻
숙호충비

자는 범의 코를 찌른다는 말로 가만히 있는 사람을 건드려서 화를 불러들인다는 뜻이다.

[예문] 숙호충비하지 말고 어서 이 자리를 벗어나자.

宿 잘 숙 | 虎 범 호 | 衝 찌를 충 | 鼻 코 비

脣亡齒寒
순망치한

입술이 없으면 이가 시리다는 뜻으로, 서로 의지하는 가까운 사이의 한쪽이 망하면 다른 한쪽도 온전하기 어렵다는 말이다.

[예문] 미우니 고우니 해도 순망치한의 관계이니 서로 잘 협조하도록 해라.

脣 입술 순 | 亡 망할 망 | 齒 이 치 | 寒 찰 한

脣齒之勢
순치지세

입술과 이의 뗄 수 없는 관계처럼 서로 의지하고 영향을 끼치는 형세를 말한다.

[예문] 순치지세의 관계로 일관하던 중국과 북한의 사이가 예전만 못하다.

脣 입술 **순** | 齒 이 **치** | 之 갈 **지** | 勢 형세 **세**

乘勝長驅
승승장구

싸움에서 이긴 승리의 기세를 타고 계속 적을 몰아친다는 뜻이다.

[예문] 승승장구하는 우리 대표팀에게 응원의 박수를 부탁드립니다.

乘 탈 **승** | 勝 이길 **승** | 長 긴 **장** | 驅 몰 **구**

是是非非
시시비비

옳은 것은 옳다, 옳지 못한 것은 옳지 못하다고 한다는 말로 사리를 공평하게 판단함을 뜻한다.

[예문] 누구도 이의를 제기하지 못하게 시시비비를 확실히 가리도록 하자.

是 이·옳을 **시** | 非 아닐 **비**

始終如一
시종여일

처음이나 끝이 변하지 않고 한결같다는 뜻이다.

[예문] 그녀는 젊어서부터 시종여일 겨울마다 선행을 베풀어 왔다.

始 비로소 **시** | 終 마칠 **종** | 如 같을 **여** | 一 한 **일**

始終一貫
시종일관

처음부터 끝까지 한결같이 한다는 뜻이다.

[예문] 시종일관 침묵으로 일관하던 그가 마침내 입을 열었다.

始 비로소 **시** | 終 마칠 **종** | 一 한 **일** | 貫 꿸 **관**

食少事煩
식소사번

먹을 것은 적은데 할 일은 많다는 뜻으로 들인 노력에 비해 얻을 것이 적을 때 하는 말이다.

[예문] 번번이 식소사번의 결과이고 보니 점점 의욕이 떨어진다.

食 밥·먹을 **식** | 少 적을 **소** | 事 일 **사** | 煩 번거로울 **번**

食言
식언

한번 입 밖에 냈던 말을 다시 입 속에 넣는다는 뜻으로 앞서 한 말을 번복하거나 약속을 지키지 않고, 거짓말을 하는 경우를 가리킨다.

[예문] 사장님은 식언으로 인해 점점 직원들의 불신을 사고 계십니다.

食 먹을 **식** | 言 말씀 **언**

識字憂患
식자우환

학식이 오히려 근심을 사게 된다는 말로 차라리 모르는 것이 낫다는 뜻이다.

[예문] 식자우환이라고 오히려 모르고 있는 것이 더 나을지도 모르네.

識 알 **식** | 字 글자 **자** | 憂 근심할 **우** | 患 근심 **환**

信賞必罰
신상필벌

공이 있는 사람에게는 상을 주고, 죄가 있는 사람에게는 벌을 준다는 말로 상과 벌을 공정히 내린다는 말이다.

[예문] 신상필벌의 원칙에 위배되는 결과라고 다들 불만이 이만저만이 아닙니다.

信 믿을 **신** | 賞 상줄 **상** | 必 반드시 **필** | 罰 벌할 **벌**

身言書判 신언서판

사람됨을 판단하는 네 가지 기준, 즉 신수와 말씨, 문필, 판단력을 일컫는다.

[예문] 우리 조상들은 지도자의 조건으로 신언서판을 꼽았다.

身 몸 신 | 言 말씀 언 | 書 글 서 | 判 판단할 판

信之無疑 신지무의

조금도 의심하지 않고 믿는다는 뜻이다.

[예문] 나는 자네를 신지무의했거늘 어찌 내 마음을 이렇게 혼란스럽게 하는가.

信 믿을 신 | 之 갈 지 | 無 없을 무 | 疑 의심할 의

身體髮膚 신체발부

머리끝부터 발끝까지, 즉 몸 전체를 말한다.

[예문] 신체발부는 부모에게서 받은 것이니 무엇 하나 소홀히 할 것이 없다.

身 몸 신 | 體 몸 체 | 髮 터럭 발 | 膚 살갗 부

神出鬼沒
신출귀몰

귀신처럼 홀연히 나타났다가 사라진다는 말로 자유자재로 출몰한다는 뜻이다.

[예문] 신출귀몰하던 그의 정체가 드디어 탄로 나고 말았다.

神 귀신 신 | 出 날 출 | 鬼 귀신 귀 | 沒 빠질 몰

身土不二
신토불이

몸과 태어난 땅은 하나라는 뜻으로, 제 땅에서 난 것이 체질에 잘 맞는다는 말이다.

[예문] 신토불이라고 했으니 우리는 우리 땅에서 자란 농산물을 먹어야 한다.

身 몸 신 | 土 흙 토 | 不 아니 불 | 二 두 이

實事求是
실사구시

사실에 토대해 진리를 탐구한다는 뜻으로 과학적이고 객관적인 학문 태도로 중국 청나라 고증학에서 볼 수 있다.

[예문] 실사구시의 정책으로 국민들의 지지에 보답하겠습니다.

實 열매 실 | 事 일 사 | 求 구할 구 | 是 이·옳을 시

深思熟考
심사숙고

깊이 생각하고 신중을 기하여 곰곰이 생각한다는 뜻이다.

[예문] 이번 일은 심사숙고하여 내린 결정이니 부디 반대하지 마시고 제 의견에 따라 주십시오.

深 깊을 심 | 思 생각 사 | 熟 글방 숙 | 考 상고할 고

深山幽谷
심산유곡

깊숙하고 고요한 산과 골짜기, 즉 깊은 산 골짜기를 말한다.

[예문] 이 꽃은 심산유곡에서나 볼 수 있는 아주 귀한 꽃이다.

深 깊을 심 | 山 메 산 | 幽 그윽할 유 | 谷 골 곡

心心相印
심심상인

말을 하지 않고 마음에서 마음으로 뜻을 전한다는 말이다.

[예문] 의사를 전달하지 않아도 일을 성사시킬 수 있었던 것은 어머니의 심심상인의 지혜가 있었기에 가능한 일이었다.

心 마음 심 | 相 서로 상 | 印 도장 인

十伐之木
십벌지목

열 번 찍어 안 넘어가는 나무 없다는 뜻이다.

[예문] 그는 십벌지목이라며 그녀를 열심히 쫓아다녔다.

十 열 **십** | 伐 칠 **벌** | 之 갈 **지** | 木 나무 **목**

十匙一飯
십시일반

여러 사람이 합심해서 한 사람을 돕는다는 뜻이다.

[예문] 지금 어민들에게 필요한 것은 십시일반의 도움입니다.

十 열 **십** | 匙 숟가락 **시** | 一 한 **일** | 飯 밥 **반**

十中八九
십중팔구

열 가운데 여덟이나 아홉 정도로 거의 예외 없이 그렇다는 뜻이다.

[예문] 이번 장학금도 십중팔구 그녀에게 돌아가게 되어 있다.

十 열 **십** | 中 가운데 **중** | 八 여덟 **팔** | 九 아홉 **구**

阿鼻叫喚
아비규환

아비지옥과 규환지옥이라는 뜻으로 여러 사람이 극심한 고통에 빠져 울부짖는 참상을 나타낸 말이다.

[예문] 지하철 폭파 사건 현장은 한마디로 아비규환 그 자체였다.

阿 언덕 **아** | 鼻 코 **비** | 叫 부르짖을 **규** | 喚 부를 **환**

阿諛苟容
아유구용

남에게 잘 보이려고 아첨하며 구차하게 구는 것을 뜻한다.

[예문] 아유구용하는 자들은 멀리하고 바른말하는 인물을 곁에 두어야 한다.

阿 언덕 **아** | 諛 아첨할 **유** | 苟 진실로 **구** | 容 얼굴 **용**

我田引水
아전인수

내 논에 물대기란 말로 남은 상관하지 않고 자기에게만 이롭게 하는 것을 뜻한다.

[예문] 양심이 있는 건지 아전인수 격인 그들의 몰염치한 모습에 사람들은 쓴웃음을 지었다.

我 나 **아** | 田 밭 **전** | 引 끌 **인** | 水 물 **수**

惡戰苦鬪
악전고투

어려운 싸움과 괴로운 다툼이라는 말로, 강력한 적을 만나 힘든 싸움을 하거나 죽을힘을 다하여 고되게 싸우는 것을 뜻한다.

예문 대표팀은 악전고투를 거듭한 끝에 결국에 결승티켓을 손에 넣었다.

惡 악할 **악** | 戰 싸움 **전** | 苦 쓸 **고** | 鬪 싸울 **투**

眼高手卑
안고수비

눈은 높으나 손은 낮다는 말로, 이상은 높으나 실력이 그에 미치지 못한다는 뜻이다.

예문 솔직히 말해서 네게는 안고수비로 느껴진다. 목표를 조금만 낮춰서 잡는 게 좋을 것 같다.

眼 눈 **안** | 高 높을 **고** | 手 손 **수** | 卑 낮을 **비**

安分知足
안분지족

제 분수를 지키며 다른 데 마음을 두지 않고 편한 마음으로 만족하며 사는 것을 뜻한다.

예문 그동안 안분지족한 삶을 살았던 사람들이 갑자기 돈에 욕심을 내고 이익을 탐하기 시작했다.

安 편안할 **안** | 分 나눌 **분** | 知 알 **지** | 足 발 **족**

安貧樂道
안빈낙도

가난한 생활 중에서도 편안한 마음으로 도를 즐기며 산다는 뜻이다.

예문) 안빈낙도하는 주민들의 소박한 삶은 보는 이들에게 감동을 주기에 충분했다.

安 편안할 안 | 貧 가난할 빈 | 樂 즐길 낙 | 道 길 도

安身立命
안신입명

마음을 편안히 하고 하늘의 뜻을 좇는다는 말이다.

예문) 안신입명을 추구하며 사리사욕을 채우지 않기 위해 자신을 갈고 닦았다.

安 편안할 안 | 身 몸 신 | 立 설 입 | 命 목숨 명

眼中之釘
안중지정

눈 속의 못으로 몹시 싫거나 미워서 눈에 거슬리는 사람, 또는 남에게 피해를 입히는 사람을 비유할 때 사용한다.

예문) 저 사람은 하는 짓마다 눈엣가시여서 사람들에게 안중지정이란 소리를 듣는다.

眼 눈 안 | 中 가운데 중 | 之 갈 지 | 釘 못 정

眼下無人 안하무인

사람 됨됨이가 교만해서 남을 업신여긴다는 뜻이다.

[예문] 그렇게 안하무인으로 행동하면 사람들한테 손가락질 당할 것이다.

眼 눈 안 | 下 아래 하 | 無 없을 무 | 人 사람 인

暗中摸索 암중모색

어둠 속에서 손으로 더듬어 찾는다는 뜻으로, 확실한 방법을 모른 채 대충 짐작으로 무엇인가를 알아내려 하는 것을 비유한 말이다.

[예문] 암중모색하면서 기회를 엿보고 있는 중이다.

暗 어두울 암 | 中 가운데 중 | 摸 찾을 모 | 索 찾을 색

哀乞伏乞 애걸복걸

애처롭게 하소연하면서 간절하게 빈다는 뜻이다.

[예문] 그렇게까지 애걸복걸하며 매달렸는데 뿌리치고 그냥 가다니 정말 매정한 사람이다.

哀 슬플 애 | 乞 빌 걸 | 伏 엎드릴 복 | 乞 빌 걸

曖昧模糊 애매모호

사물의 이치가 희미하고 분명하지 않다는 말로 말이나 태도 등이 확실하지 않고 어정쩡하다는 뜻이다.

[예문] 너의 태도가 애매모호해서 진심이 무엇인지 알 수가 없다.

曖 가릴 애 | 昧 새벽 매 | 模 법 모 | 糊 풀 호

愛之重之 애지중지

아주 많이 사랑하고 소중히 여긴다는 뜻이다.

[예문] 그녀는 애지중지 아끼던 반지를 잃어버렸다.

愛 사랑 애 | 之 갈 지 | 重 무거울 중

藥房甘草 약방감초

어떤 일에든 빠지지 않고 항상 참석한다는 말로 반드시 필요한 사물을 뜻하기도 한다.

[예문] 그는 어딜 가나 빠지지 않고 참석하니 사람들이 약방의 감초라고 한다.

藥 약 약 | 房 방 방 | 甘 달 감 | 草 풀 초

弱肉強食 약육강식

약자가 강자에게 먹힌다는 뜻으로 생존경쟁의 치열함을 나타내는 말이다.

[예문] 약육강식의 법칙에 따라 여우는 호랑이에게 잡아먹히게 되어 있다.

弱 약할 약 | 肉 고기 육 | 强 강할 강 | 食 먹을 식

弱者先手 약자선수

장기나 바둑을 둘 때에 수가 약한 사람이 먼저 둔다는 말로 실력이 낮은 사람이 먼저 시작한다는 뜻이다.

[예문] 그는 약자선수에 따라 아버님보다 먼저 시작했다.

弱 약할 약 | 者 놈 자 | 先 먼저 선 | 手 손 수

良禽擇木 양금택목

현명한 새는 나무를 가려서 둥지를 튼다는 말로, 똑똑한 사람은 자기 재능을 키워줄 만한 훌륭한 사람을 가려서 섬긴다는 뜻이다.

[예문] 양금택목하지 못하고 여기에서 시간을 헛되이 보낸 것 또한 저의 불찰입니다.

良 어질 양 | 禽 날짐승 금 | 擇 가릴 택 | 木 나무 목

羊頭狗肉 양두구육

양의 머리를 걸어놓고 개고기를 판다는 뜻으로, 겉은 훌륭하지만 속은 딴판으로 형편없는 경우를 비유하는 말이다.

[예문] 겉만 번지르르한 게 양두구육이 아닌지 잘 살피도록 해라.

羊 양 **양** | 頭 머리 **두** | 狗 개 **구** | 肉 고기 **육**

梁上君子 양상군자

대들보 위의 군자라는 뜻으로, 도둑 또는 쥐를 재미있게 우화적으로 일컫는 말이다.

[예문] 양상군자 노릇을 했을망정 그는 백성들에게 의적으로 칭송받는다.

梁 들보 **양** | 上 위 **상** | 君 군자 **군** | 子 아들 **자**

良藥苦口 양약고구

좋은 약은 입에 쓰다는 말로, 바른말이나 충언은 귀에 거슬리지만 이롭다는 뜻이다.

[예문] 양약고구라 했으니 쓴소리일수록 달게 받아들이는 자세를 가져야 한다.

良 어질 **양** | 藥 약 **약** | 苦 괴로울·쓸 **고** | 口 입 **구**

兩者擇一 양자택일

둘 가운데 하나를 가려서 택한다는 뜻이다.

[예문] 두 가지를 모두 가질 수 없으니 어서 양자택일해라.

兩 두 **양** | 者 놈 **자** | 擇 가릴 **택** | 一 한 **일**

養虎遺患 양호유환

호랑이를 길러 근심을 남긴다는 말로 스스로 화를 자초했다는 뜻이다.

[예문] 지금 당장 그를 내보내지 않으면 양호유환이 될 것이 불을 보듯 뻔합니다.

養 기를 **양** | 虎 호랑이 **호** | 遺 끼칠 **유** | 患 근심 **환**

魚東肉西 어동육서

제사상을 차릴 때 생선은 동쪽에, 고기는 서쪽에 놓는다는 뜻이다.

[예문] 이번 할아버님 제사상을 차릴 때는 어동육서에 따라 잘 놓도록 해라.

魚 고기 **어** | 東 동녘 **동** | 肉 고기 **육** | 西 서녘 **서**

魚頭肉尾 어두육미

생선은 대가리 쪽이 맛이 있고, 고기는 꼬리 쪽이 맛이 있다는 말이다.

예문) 어두육미라 했으니 이쪽 고기는 어머님이 드십시오.

魚 물고기 **어** | 頭 머리 **두** | 肉 고기 **육** | 尾 꼬리 **미**

魚魯不辨 어로불변

어(魚) 자와 노(魯) 자를 구별하지 못한다는 뜻으로 무식함을 비유적으로 이르는 말이다.

예문) 눈앞의 이익에만 눈이 멀어 이런 짓을 벌이다니 어로불변이 아니고 무엇이겠는가?

魚 물고기 **어** | 魯 노나라 **로** | 不 아니 **불** | 辨 분별할 **변**

漁父之利 어부지리

둘이서 싸우는 바람에 엉뚱한 제삼자가 이득을 보게 되는 경우를 이르는 말이다.

예문) 김 대표가 사퇴하는 바람에 그는 어부지리 격으로 회장자리에 당선되었다.

漁 고기잡을 **어** | 父 아버지 **부** | 之 갈 **지** | 利 이로울 **리**

語不成說
어불성설

하는 말이 사리에 전혀 맞지 않는다는 말로 말이 안 된다는 뜻이다.

[예문] 그런 어불성설로는 단 한 사람도 설득하지 못할 것이다.

語 말씀 어 | 不 아니 불 | 成 이룰 성 | 說 말씀 설

億兆蒼生
억조창생

수많은 백성, 수많은 사람을 뜻한다.

[예문] 억조창생을 잘 다스린 어질고 현명한 임금으로 정평이 나 있다.

億 억 억 | 兆 억조 조 | 蒼 푸를 창 | 生 날 생

言語道斷
언어도단

말할 길이 끊어졌다는 말로 어처구니가 없어서 할 말이 없다는 뜻인데 지금은 말이 안 된다는 뜻으로 쓰인다.

[예문] 하는 말마다 언어도단이니 도대체 어느 쪽 말을 들어야 할지 모르겠다.

言 말씀 언 | 語 말씀 어 | 道 길 도 | 斷 끊을 단

言中有骨 언중유골

말 가운데 뼈가 있다는 뜻으로 예사로운 말 중에 깊은 뜻이 있다는 말이다.

[예문] 그는 하는 말마다 언중유골이라 흘려들을 말이 하나도 없다.

言 말씀 언 | 中 가운데 중 | 有 있을 유 | 骨 뼈 골

掩耳盜鈴 엄이도령

귀를 막고 방울을 훔친다는 말로, 자기만 듣지 않으면 남도 듣지 않는 줄 아는 어리석은 행동을 뜻한다.

[예문] 요즘 정치인들의 행동이 꼭 엄이도령 식인데 국민들이 바보로 보이는 모양이다.

掩 가릴 엄 | 耳 귀 이 | 盜 훔칠 도 | 鈴 방울 령

嚴妻侍下 엄처시하

엄한 아내를 모시고 산다는 말로 아내에게 쥐여 사는 남편을 이르는 말이다.

[예문] 엄처시하인 까닭에 무슨 일이든 아내의 허락이 떨어져야 한다.

嚴 엄할 엄 | 妻 아내 처 | 侍 모실 시 | 下 아래 하

餘桃之罪 여도지죄

먹다 남은 복숭아를 준 죄라는 뜻으로, 사랑을 받을 때는 용서가 되던 일이 사랑하는 마음이 식고 나면 거꾸로 화가 된다는 말이다.

[예문] 여도지죄라는 말이 가르쳐 주듯 똑같은 행동이라도 그 사람의 마음에 따라 전혀 다르게 받아들이게 되어 있다.

餘 남을 여 | 桃 복숭아나무 도 | 之 갈 지 | 罪 허물 죄

如履薄氷 여리박빙

살얼음을 밟는 것과 같다는 뜻으로 아슬아슬하고 아주 위험한 상황을 이르는 말이다.

[예문] 여리박빙의 순간에도 그의 재치는 사람들에게 웃음을 주었다.

如 같을 여 | 履 신 리 | 薄 엷을 박 | 氷 얼음 빙

與民同樂 여민동락

왕이 백성과 더불어 즐거움을 같이 나눈다는 뜻이다.

[예문] 여민동락도 훌륭한 지도자의 미덕 중 하나임에 틀림없다.

與 더불·줄 여 | 民 백성 민 | 同 한가지 동 | 樂 즐길 락

女必從夫 여필종부

아내는 반드시 지아비, 즉 남편을 따라야 한다는 뜻이다.

[예문] 여필종부가 당연하던 유교사회에서는 비일비재한 일이었지만 지금은 있을 수 없는 일이다.

女 계집 여 | 必 반드시 필 | 從 좇을 종 | 夫 사내남편 부

逆鱗 역린

용의 목 근처에 거꾸로 난 비늘이라는 말로, 절대적인 권력을 지닌 사람의 노여움을 비유해서 이르는 말이다.

[예문] 성공하려면 상대방의 역린을 건드리지 말라.

逆 거스를 역 | 鱗 비늘 린

易地思之 역지사지

입장을 바꾸어서 생각하라는 말이다.

[예문] 역지사지하면 금세 알 수 있는 일인데 왜 이해하지를 못하느냐.

易 바꿀 역 | 地 땅 지 | 思 생각할 사 | 之 갈 지

戀慕之情 연모지정

사랑해서 간절히 그리워하는 정을 나타내는 말이다.

[예문] 그는 그녀를 향한 연모지정에 밤잠을 이루지 못했다.

戀 사모할 **연** | 慕 그리워할 **모** | 之 갈 **지** | 情 정 **정**

緣木求魚 연목구어

나무에 올라가 물고기를 잡으려 한다는 뜻으로 도저히 불가능한 일을 억지로 하는 것을 비유하는 말이다.

[예문] 이제 와서 그 정책을 철회하는 것은 연목구어라고 생각합니다.

緣 가선·가장자리 **연** | 木 나무 **목** | 求 구할 **구** | 魚 물고기 **어**

連戰連勝 연전연승

싸울 때마다 언제나 빈번히 이긴다는 말이다.

[예문] 연전연승하고 보니 이제 승리에도 무감각해졌는지 관중들의 반응이 전보다 덜하다.

連 잇달을 **연** | 戰 싸울 **전** | 勝 이길 **승**

煙霞痼疾 연하고질

산수의 아름다운 경치를 깊이 사랑하는 마음을 뜻한다.

[예문] 그의 연하고질은 나이가 들어서 점점 더해 가고 있다.

煙 연기 **연** | 霞 노을 **하** | 痼 고질 **고** | 疾 병 **질**

炎凉世態 염량세태

권세가 있을 때는 아첨하며 붙잡고 따르고, 권세가 없어지면 푸대접하는 세상의 인심을 일컫는다.

[예문] 권력을 좇아 권모술수하는 자들도 문제지만 염량세태하는 세상의 풍조도 잘못된 것이다.

炎 불탈 **염** | 凉 서늘할 **량** | 世 세상 **세** | 態 모양 **태**

拈華微笑 염화미소

마음에서 마음으로 전한다는 뜻이다. '염화시중(拈華示衆)'과 같은 말이다.

[예문] 염화미소의 미소를 지으며 나를 바라보시는 표정에 사랑이 담겨 있다.

拈 집을 **염** | 華 꽃 **화** | 微 작을 **미** | 笑 웃을 **소**

榮枯盛衰 영고성쇠

영화롭고 마르고 성하고 쇠함이란 뜻으로 인생이나 사물의 성쇠가 서로 뒤바뀜을 이른다.

[예문] 순간의 영고성쇠로 인생의 무상함을 뼈저리게 느끼게 되었다.

榮 영화 **영** | 枯 마를 **고** | 盛 성할 **성** | 衰 쇠할 **쇠**

五穀百果 오곡백과

온갖 곡식과 과일을 일컫는다.

[예문] 오곡백과가 무르익는 가을이 되니 논과 밭이 더욱 아름답게 보인다.

五 다섯 **오** | 穀 곡식 **곡** | 百 일백 **백** | 果 실과·열매 **과**

五里霧中 오리무중

안개가 사방 5리나 끼어 있는 속이라는 뜻으로, 어떤 일의 행방이나 단서를 찾기 어려운 경우에 사용한다.

[예문] 오리무중에 빠진 사건의 단서를 찾기 위해 형사들이 동분서주하고 있다.

五 다섯 **오** | 里 마을 **리** | 霧 안개 **무** | 中 가운데 **중**

傲慢無禮
오만무례

태도나 행동이 건방지고 거만해 예의가 없음을 이르는 말이다.

[예문] 직원들은 오만무례한 사장의 태도에 할 말을 잃었다.

傲 거만할 **오** | 慢 게으를 **만** | 無 없을 **무** | 禮 예도 **례**

傲慢不遜
오만불손

잘난 체하고 거만해 제멋대로 굴거나 남 앞에 겸손하지 않은 것을 뜻한다.

[예문] 그의 오만불손한 행동에 사람들이 모두 혀를 끌끌 찼다.

傲 거만할 **오** | 慢 거만할 **만** | 不 아니 **불** | 遜 겸손할 **손**

寤寐不忘
오매불망

자나 깨나 잊지 못한다는 뜻이다.

[예문] 오매불망 그리던 어머님을 직접 뵈니 더 이상 바랄 것이 없겠다.

寤 깰 **오** | 寐 잠잘 **매** | 不 아니 **불** | 忘 잊을 **망**

吾鼻三尺 오비삼척

내 코가 석 자라는 말로 곤경에 처해 자신의 일도 감당하기 힘든데 어떻게 남을 돕겠냐는 뜻이다.

[예문] 미안하지만 내가 지금 오비삼척인지라 다른 곳에 신경 쓸 여유가 없다.

吾 나 **오** | 鼻 코 **비** | 三 석 **삼** | 尺 자 **척**

烏飛梨落 오비이락

까마귀가 날자 배가 떨어진다는 말로 우연히 벌어진 일로 인해서 의심을 받게 된다는 뜻이다.

[예문] 그 자리에 있지 말 것을 그랬다. 오비이락이라더니 다들 나도 한통속인 줄 알고 있다.

烏 까마귀 **오** | 飛 날 **비** | 梨 배나무 **이** | 落 떨어질 **락**

烏飛兔走 오비토주

까마귀(年)는 날고 토끼(月)는 달린다는 말로 세월이 빨리 흘러간다는 뜻이다.

[예문] 벌써 연말이라니, 오비토주란 말이 실감난다.

烏 까마귀 **오** | 飛 날 **비** | 兔 토끼 **토** | 走 달릴 **주**

傲霜孤節 오상고절

서리가 날리는 추운 날에도 굴하지 않는 외로운 절개라는 뜻으로 국화를 말한다.

[예문] 우리 선조들은 그 고결한 자태와 향기를 오상고절이라 부르며 국화를 절개의 상징이라 했다.

傲 거만할 오 | 霜 서리 상 | 孤 외로울 고 | 節 마디 절

五十步百步 오십보백보

오십 보 도망간 사람이 백 보 도망간 사람을 비웃는다는 뜻으로 겉으로는 차이가 있는 것 같지만 실제로는 마찬가지라는 뜻이다.

[예문] 너나 그 사람이나 오십보백보이니 그렇게 우쭐해 할 이유가 없다.

五 다섯 오 | 十 열 십 | 步 걸음 보 | 百 일백 백

吳越同舟 오월동주

적국의 원수인 오나라와 월나라 사람들이 같은 배를 타고 있다는 말로, 원수지간이라도 한 배에 탄 이상 서로 협력해야 한다는 뜻이다.

[예문] 갑작스런 야당들의 오월동주로 여당이 궁지에 몰리게 되었다.

吳 나라이름 오 | 越 넘을 월 | 同 한가지 동 | 舟 배 주

吳下阿蒙
오하아몽

옛 그대로 조금도 진보되지 않은 사람이나 학문이 보잘것없는 사람을 가리킨다.

[예문] 오하아몽이라는 평가에 그는 이를 악물고 연습에 매달렸다.

吳 나라이름 **오** | 下 아래 **하** | 阿 언덕 **아** | 蒙 입을 **몽**

烏合之衆
오합지중

까마귀 떼가 모인 것처럼 질서 없는 모임이라는 뜻으로, 갑자기 모인 훈련 안 된 군사, 또는 규율도 통일성도 없는 군중을 이르는 말이다.

[예문] 오합지중의 무리는 결국 아무런 대책도 세우지 못하고 그냥 헤어지고 말았다.

烏 까마귀 **오** | 合 모일 **합** | 之 갈 **지** | 衆 무리 **중**

玉骨仙風
옥골선풍

빛이 아주 희고 고결해 신선과 같은 뛰어난 풍채라는 뜻이다.

[예문] 벌써 쉰이 가까운 나이가 되었지만 그의 옥골선풍은 그대로였다.

玉 구슬 **옥** | 骨 뼈 **골** | 仙 신선 **선** | 風 바람 **풍**

屋上架屋
옥상가옥

지붕 위에 또 지붕을 얹는다는 뜻으로, 필요 없는 것을 이중으로 하는 경우를 가리키는 말이다.

[예문] 적임자가 있는데 그를 또 불러들이는 것은 옥상가옥이나 다름없다.

屋 집 **옥** | 上 위 **상** | 架 시렁·횃대 **가**

玉石俱焚
옥석구분

옥과 돌이 함께 불타 버린다는 뜻으로, 착한 사람과 악한 사람이 모두 재앙을 받는다는 말이다.

[예문] 하늘은 무심하게도 옥석구분의 재앙을 내리셨다.

玉 구슬 **옥** | 石 돌 **석** | 俱 함께 **구** | 焚 불사를 **분**

玉石混淆
옥석혼효

옥과 돌이 뒤섞여 있다는 말로, 훌륭한 것과 보잘것없는 것, 슬기로운 것과 어리석은 것 등이 뒤섞여 있어 분간이 안 되는 경우에 사용한다.

[예문] 옥석혼효의 상황이고 보니 제대로 판단하기가 어려운 실정이다.

玉 구슬 **옥** | 石 돌 **석** | 混 섞일 **혼** | 淆 뒤섞일 **효**

溫故知新
온고지신

옛것을 익힘으로써 그것을 통해 새로운 지식과 도리를 발견하게 된다는 말이다.

[예문] 연구원은 온고지신의 정신으로 신제품을 개발하게 되었다고 발표했다.

溫 따뜻할 온 | 故 옛 고 | 知 알 지 | 新 새 신

蝸角之爭
와각지쟁

달팽이의 뿔 위에서 싸운다는 뜻으로 아주 작은 나라끼리의 싸움이나 하찮은 일로 승강이하는 것을 말한다.

[예문] 그들의 싸움은 기껏해야 와각지쟁으로밖에 보이지 않는다.

蝸 달팽이 와 | 角 뿔 각 | 之 갈 지 | 爭 다툴 쟁

臥薪嘗膽
와신상담

장작 위에 눕고, 쓸개를 맛본다는 말로 원수를 갚거나 원하는 바를 이루기 위해 어떤 괴로움과 어려움이라도 참고 견딤을 비유한 말이다.

[예문] 박 대표를 자기편으로 끌어들이기 위해 와신상담한 결과 마침내 뜻을 이루게 되었다.

臥 엎드릴 와 | 薪 섶나무 신 | 嘗 맛볼 상 | 膽 쓸개 담

完璧 완벽

흠이 없는 구슬, 또는 구슬을 온전히 보존한다는 뜻으로 결점을 찾아낼 수 없는 훌륭한 것이나 빌려온 물건을 온전히 되돌려주는 것을 말한다.

[예문] 더 이상 완벽할 수 없을 정도로 일을 잘 처리했다.

完 완전할 완 | 璧 둥근옥 벽

曰可曰否 왈가왈부

어떤 일에 대해 옳으니, 그르니 떠들어 대는 것을 뜻한다.

[예문] 너희들이 아무리 왈가왈부해 봤자 결론은 그의 손에 달려 있다.

曰 가로 왈 | 可 옳을 가 | 曰 가로 왈 | 否 아니 부

外柔內剛 외유내강

겉으로 보기에는 부드럽고 유약해 보이나 속은 꿋꿋하고 강하다는 뜻이다.

[예문] 그녀의 겉모습만으로 판단하면 안 된다. 외유내강한 성격으로 보아 만만치 않을 것이다.

外 밖 외 | 柔 부드러울 유 | 內 안 내 | 剛 굳셀 강

樂山樂水
요산요수

산수의 자연을 좋아한다는 말로 '지자요수 인자요산(智者樂水 仁者樂山, 지혜 있는 자는 물을 좋아하고, 어진 자는 산을 좋아한다)'의 줄임말이다.

[예문] 요산요수하는 사람 중에 악한 사람은 없다.

樂 좋아할 요 | 山 뫼 산 | 樂 즐거울 요 | 水 물 수

窈窕淑女
요조숙녀

마음씨가 얌전하고 자태가 아름다운 여자를 말한다.

[예문] 예전 요조숙녀의 모습은 찾아 볼 수 없을 정도로 왈가닥이 되어 돌아왔다.

窈 그윽할 요 | 窕 정숙할 조 | 淑 맑을 숙 | 女 계집 녀

搖之不動
요지부동

흔들어도 꼼짝 않고 움직이지 않는다는 뜻이다.

[예문] 아무리 좋은 조건으로 그녀를 유혹한다고 해도 그녀는 요지부동일 것이다.

搖 흔들릴 요 | 之 갈 지 | 不 아니 부 | 動 움직일 동

龍頭蛇尾 용두사미

용의 머리에 뱀의 꼬리라는 뜻, 즉 처음 시작은 거창하지만 끝에 가서는 완결 짓지 못하고 흐지부지하는 경우를 말한다.

[예문] 용두사미가 될지도 모르니 초심을 잃지 말고 끝까지 최선을 다해라.

龍 용 **용** | 頭 머리 **두** | 蛇 뱀 **사** | 尾 꼬리 **미**

龍尾鳳湯 용미봉탕

용의 맛과 봉황의 탕이라는 말로 맛이 아주 좋은 음식을 뜻한다.

[예문] 용미봉탕을 앞에 두고 보니 돌아가신 아버님 생각이 더욱 간절하다.

龍 용 **용** | 尾 꼬리 **미** | 鳳 봉새 **봉** | 湯 넘어질 **탕**

龍盤虎踞 용반호거

용이 서리고 범이 걸터앉은 듯한 웅장한 산세라는 말로 험준해서 적을 막아 내기 좋은 지형이라는 뜻이다.

[예문] 이보다 더 훌륭한 용반호거의 장소는 찾을 수 없을 것이다.

龍 용 **용** | 盤 소반 **반** | 虎 호랑이 **호** | 踞 걸터앉을 **거**

龍蛇飛騰
용사비등

용과 뱀이 하늘로 날아오른다는 뜻으로 살아 움직이듯이 힘 있게 아주 잘 쓴 글씨를 이르는 말이다.

[예문] 그의 작품을 본 심사위원들은 용사비등이라며 아주 높이 평가했다.

龍 용 용 | 蛇 뱀 사 | 飛 날 비 | 騰 오를 등

用意周到
용의주도

어떤 일을 할 마음이 두루 미친다는 말로 준비가 완벽해 빈틈없이 일을 처리한다는 뜻이다.

[예문] 용의주도한 그의 계획에 따라 모든 일이 차질 없이 순조롭게 진행되었다.

用 쓸 용 | 意 뜻 의 | 周 두루 주 | 到 이를 도

用錢如水
용전여수

돈을 마치 물 쓰듯이 마구 쓴다는 말로 흥청망청 낭비한다는 뜻이다.

[예문] 그런 식으로 용전여수하다가는 얼마 가지 않아 돈이 바닥날 것이다.

用 쓸 용 | 錢 돈 전 | 如 같을 여 | 水 물 수

龍虎相搏
용호상박

두 영웅이 승부를 겨루며 서로 싸운다는 말이다. 용과 범에 필적할 만한 강한 상대끼리의 싸움을 뜻한다.

【예문】 용호상박이라 도저히 승부를 점칠 수가 없다.

龍 용 **용** | 虎 범 **호** | 相 서로 **상** | 搏 칠 **박**

愚公移山
우공이산

어리석은 노인이 산을 옮긴다는 뜻으로, 아무리 어렵고 엄청난 일이라도 끊임없이 노력하면 언젠가는 목적을 이룰 수 있다는 말이다.

【예문】 모두들 불가능할 것이라 말했지만 그의 끈질긴 집념이 우공이산의 결과를 가져 왔다.

愚 어리석을 **우** | 公 공평할 **공** | 移 옮길 **이** | 山 뫼 **산**

雨順風調
우순풍조

때마침 비가 내리고 바람이 고르게 분다는 말로 기후가 농사에 알맞게 순조롭다는 뜻이다.

【예문】 올해는 우순풍조 덕분에 논농사는 물론 밭농사도 모두 풍작이다.

雨 비 **우** | 順 순할 **순** | 風 바람 **풍** | 調 고를 **조**

迂餘曲折 우여곡절

여러 가지 사정으로 뒤얽힌 복잡한 상황이나 변화를 뜻한다.

예문 여러 우여곡절 끝에 결국에는 회사를 합병하기로 결정했습니다.

迂 멀 **우** | 餘 남을 **여** | 曲 굽을 **곡** | 折 꺾을 **절**

右往左往 우왕좌왕

오른쪽으로 갔다 왼쪽으로 갔다 하면서 갈피를 잡지 못하고 사방으로 왔다 갔다 한다는 뜻이다.

예문 승객 여러분들은 우왕좌왕하지 마시고 제자리에 앉아 방송에 따라 행동해 주시기 바랍니다.

右 오른쪽 **우** | 往 갈 **왕** | 左 왼 **좌**

優柔不斷 우유부단

확실히 한 가지를 결정하지 못하고 망설이기만 한다는 뜻이다.

예문 너의 그 우유부단한 성격을 고치기 전에는 원하는 바를 얻지 못할 것이다.

優 넉넉할 **우** | 柔 부드러울 **유** | 不 아닐 **부** | 斷 끊을 **단**

牛耳讀經 우이독경

소 귀에 경 읽기라는 말로 우둔한 사람은 아무리 가르치고 이끌어 주어도 거기에 따르지 못한다는 뜻이다.

[예문] 아무리 떠들어 봤자 우이독경에 지나지 않으니 이제 나도 지쳤다.

牛 소 **우** | 耳 귀 **이** | 讀 읽을 **독** | 經 날 **경**

羽化登仙 우화등선

날개가 생겨 신선이 되어 하늘로 오른다는 뜻이다.

[예문] 정상에 오르니 우화등선해 하늘에 온 기분이다.

羽 깃 **우** | 化 될 **화** | 登 오를 **등** | 仙 신선 **선**

雨後竹筍 우후죽순

비가 온 뒤에 죽순이 많이 솟아나는 것처럼 어떤 일이 한꺼번에 많이 생겨나는 것을 빗대어 이른다.

[예문] 개발 소식이 알려지자 부동산이 우후죽순처럼 갑자기 많이 들어섰다.

雨 비 **우** | 後 뒤 **후** | 竹 대 **죽** | 筍 죽순 **순**

旭日昇天 욱일승천

아침 해가 떠오른다는 뜻으로, 떠오르는 아침 해처럼 세력이 강대해짐을 일컫는다.

[예문] 온 세계가 욱일승천하는 중국의 기세에 촉각을 곤두세우고 있다.

旭 아침해 **욱** | 日 날 **일** | 昇 오를 **승** | 天 하늘 **천**

雲上氣稟 운상기품

세속의 때를 벗어난 인간의 고상한 기질과 성품을 뜻한다.

[예문] 물질만능 시대에 그의 운상기품은 더욱 빛을 발한다.

雲 구름 **운** | 上 윗 **상** | 氣 기운 **기** | 稟 여쭐 **품**

運籌帷幄 운주유악

'운주'란 산가지를 놀린다는 뜻이고, '유악'이란 장막 속을 뜻하는 말로, 가만히 들어앉아서 계획을 꾸민다는 뜻이다.

[예문] 방심은 금물이다. 운주유악하고 있는 그들이 언제 공격해 올지 모른다.

運 돌 **운** | 籌 투호살·산가지 **주** | 帷 휘장 **유** | 幄 휘장 **악**

遠交近攻
원교근공

멀리 떨어진 나라와는 친교를 맺고, 가까이 있는 나라는 공격한다는 뜻이다.

[예문] 진시황제는 원교근공의 정책으로 중국통일의 위업을 달성했다.

遠 멀 **원** | 交 사귈 **교** | 近 가까울 **근** | 攻 칠 **공**

怨入骨髓
원입골수

원한이 뼈에 사무친다는 말로 아주 크게 원망한다는 뜻이다.

[예문] 선생님은 원입골수의 마음을 접고 그를 용서하기로 하셨다.

怨 원망할 **원** | 入 들 **입** | 骨 뼈 **골** | 髓 뼛골 **수**

遠禍召福
원화소복

화를 멀리하고 복을 불러들인다는 뜻이다.

[예문] 정월에 복조리를 걸어두는 것은 원화소복을 바라는 마음에서이다.

遠 멀 **원** | 禍 재화 **화** | 召 부를 **소** | 福 복 **복**

月下氷人
월하빙인

월하노인(月下老人)과 빙상인(氷上人)이 합쳐진 말로, 중매쟁이를 이렇게 말한다.

[예문] 그녀는 뜻하지 않게 두 사람을 묶어 준 월하빙인이 되었다.

月 달 **월** | 下 아래 **하** | 氷 얼음 **빙** | 人 사람 **인**

危機一髮
위기일발

머리카락 하나로 무거운 물건을 끌어당긴다는 뜻으로 당장에라도 끊어질 듯한 위급한 상황을 빗대는 말이다.

[예문] 공사 현장에서 일하던 그는 위기일발의 순간에서 동료의 도움으로 간신히 사고를 모면했다.

危 위태할 **위** | 機 틀 **기** | 一 한 **일** | 髮 머리털 **발**

韋編三絶
위편삼절

공자가 주역을 여러 번 읽어 그 책의 가죽 끈이 세 번이나 끊어졌다는 데서 유래한 말로 책을 많이 읽는다는 뜻이다.

[예문] 위편삼절하지는 못할망정 한 번이라도 제대로 읽도록 해라.

韋 다룸가죽 **위** | 編 엮을 **편** | 三 석 **삼** | 絶 끊을 **절**

有口無言 유구무언

입은 있으나 말이 없다는 뜻으로 마땅히 변명할 말이 없거나 할 말이 있어도 말을 하지 않을 때를 말한다.

예문 처참한 광경을 직접 본 선생님은 유구무언이라며 아무 말씀도 하지 않으셨다.

有 있을 유 | 口 입 구 | 無 없을 무 | 言 말씀 언

類萬不同 유만부동

비슷한 것들이 많으나 같지는 않다는 말로 모든 것이 서로 다르다는 뜻이다. 또 정도에 넘치거나 분수에 맞지 않는다는 뜻도 있다.

예문 승리를 예감하고 벌써부터 축포를 터트리는데 이는 유만부동한 행동에 지나지 않는다.

類 무리 유 | 萬 일만 만 | 不 아니 부 | 同 같을 동

有名無實 유명무실

이름뿐이고 실체는 없다는 말로 이름만 그럴듯하게 좋을 뿐 실속은 없다는 뜻이다.

예문 새로운 정권과 함께 시작된 교육정책들이 하나같이 유명무실해지고 있다.

有 있을 유 | 名 이름 명 | 無 없을 무 | 實 열매 실

流芳百世 유방백세

향기가 백세에까지 흐른다는 말로 명성이 후세에까지 길이 전해짐을 일컫는다.

[예문] 유방백세할 수 있는 정책들로 나라 발전에 최선을 다하겠다.

流 흐를 유 | 芳 향내날 방 | 百 일백 백 | 世 세대 세

有備無患 유비무환

미리미리 준비하면 근심이 없다는 말로 사전에 대책을 세우면 걱정할 일이 없다는 뜻이다.

[예문] 갑작스런 개방화 정책으로 여러 기업들이 타격을 입었지만 우리가 건재할 수 있었던 것은 모두 유비무환했기 때문이다.

有 있을 유 | 備 갖출 비 | 無 없을 무 | 患 근심 환

有象無象 유상무상

형체가 있는 것과 없는 것이라는 말로 세상에 있는 모든 것을 뜻한다.

[예문] 독재정권은 유상무상의 저항으로 인해 끝내 파멸하고 말았다.

有 있을 유 | 象 코끼리 상 | 無 없을 무 | 象 코끼리 상

有始有終 유시유종

시작할 때부터 끝을 맺을 때까지 변함없다는 뜻이다.

예문) 올해가 얼마 남지 않았습니다. 여러분 모두 유시유종의 미를 거두길 바랍니다.

有 있을 유 | 始 비로소 시 | 有 있을 유 | 終 마칠 종

唯我獨尊 유아독존

이 세상에는 오직 나만이 홀로 귀한 존재라는 말로 나보다 더 높은 사람이 없다는 독단적인 태도를 일컫는다.

예문) 유아독존에 안하무인인 그의 성격은 여전히 수그러들지 않고 있다.

唯 오직 유 | 我 나 아 | 獨 홀로 독 | 尊 존귀할 존

有耶無耶 유야무야

있는지 없는지 모르게 희미하다는 뜻이다.

예문) 이대로 가만히 구경만 하고 있으면 모든 것이 유야무야 되고 말 것입니다.

有 있을 유 | 耶 어조사 야 | 無 없을 무

流言蜚語
유언비어

근거 없는 좋지 못한 말이란 뜻으로 아무 근거도 없이 널리 퍼진 헛소문을 말한다.

[예문] 유언비어에 현혹되지 말고 끝까지 자기 자리에서 맡은 바 소임을 다해 주시기 바랍니다.

流 흐를 유 | 言 말씀 언 | 蜚 바퀴 비 | 語 말씀 어

類類相從
유유상종

같은 무리끼리 서로 내왕하며 사귀는 것을 뜻한다.

[예문] 네가 그와 어울리는 것을 보니 유유상종이란 말이 생각난다.

類 무리 유 | 相 서로 상 | 從 좇을 종

悠悠自適
유유자적

속세를 떠나서 아무런 구속 없이 조용하고 편안하게 산다는 뜻이다.

[예문] 강원도 산골에서 유유자적한 삶을 살던 그가 서울에 와서 잘 적응할지 걱정된다.

悠 멀 유 | 自 스스로 자 | 適 갈 적

有終之美
유종지미

일단 시작한 일을 끝까지 잘 마무리해 마지막을 아름답게 맺는다는 말로 끝마무리를 아주 잘한다는 뜻이다.

예문) 임기가 얼마 남지 않은 시장은 유종지미하겠다며 다시 한 번 각오를 새롭게 했다.

有 있을 유 | 終 마칠 종 | 之 갈 지 | 美 아름다울 미

殷鑑不遠
은감불원

은나라 왕이 거울로 삼을 만한 것은 먼 곳에 있지 않다는 말로 본보기로 삼을 좋은 일들은 가까운 곳에 있다는 말이다.

예문) 당선자는 김 대표의 현재 상황을 은감불원의 교훈으로 삼아 추후에 이런 일이 다시는 없도록 하십시오.

殷 은나라 은 | 鑑 거울 감 | 不 아니 불 | 遠 멀 원

隱忍自重
은인자중

괴로움을 참고 감추면서 몸가짐을 신중히 하고 행동한다는 뜻이다.

예문) 다시 한 번 고개 숙여 사과드리며, 앞으로 은인자중할 것을 약속드립니다.

隱 숨길 은 | 忍 참을 인 | 自 스스로 자 | 重 무거울 중

乙丑甲子 을축갑자

'갑자을축'이 바른 순서인데 '을축'이 먼저 왔다는 말로 일의 순서가 제대로 되지 않고 뒤바뀌었다는 뜻이다.

[예문] 을축갑자가 되었어도 원하는 결과가 나왔으니 그를 크게 나무라지는 못할 것이다.

乙 간지 **을** | 丑 간지 **축** | 甲 간지 **갑** | 子 간지 **자**

淫談悖說 음담패설

음란한 이야기와 도리를 거스르는 상스러운 말이라는 뜻이다.

[예문] 음담패설을 멀리하고 항상 바르고 고운 말을 쓰도록 해라.

淫 음란할 **음** | 談 말씀 **담** | 悖 거스를 **패** | 說 말씀 **설**

陰德陽報 음덕양보

남들 모르게 덕을 쌓은 사람은 반드시 나중에 복을 받는다는 뜻이다.

[예문] 그의 자손들이 모두 성공한 것은 음덕양보의 결과가 아니겠느냐.

陰 응달 **음** | 德 덕 **덕** | 陽 볕 **양** | 報 갚을 **보**

吟風弄月
음풍농월

맑은 바람과 밝은 달을 노래한다는 말로 풍류를 즐긴다는 뜻이다.

[예문] 그가 지금은 음풍농월의 시간을 보내고 있지만 그도 젊은 시절에는 치열한 경쟁 속에서 바쁘게 살았다.

吟 읊을 **음** | 風 바람 **풍** | 弄 희롱할 **농** | 月 달 **월**

泣斬馬謖
읍참마속

눈물을 흘리며 마속을 벤다는 뜻으로, 공정한 일의 처리를 위해 사사로운 정을 버리는 것을 비유한 말이다.

[예문] 지금은 읍참마속에 따라 자네를 멀리 보내지만 내 언젠가는 꼭 다시 불러들이도록 하겠네.

泣 울 **읍** | 斬 벨 **참** | 馬 말 **마** | 謖 일어날 **속**

意氣銷沈
의기소침

의지와 기운이 떨어지고 풀이 죽었다는 뜻이다.

[예문] 선거에서 떨어졌다고 해서 그렇게 의기소침해서 있을 필요는 없다.

意 뜻 **의** | 氣 기운 **기** | 銷 녹일 **소** | 沈 잠길 **침**

意氣揚揚
의기양양

의기가 드높아 아주 자랑스럽게 행동하는 모습이나 뜻한 바를 이루어 자랑스러워하는 모습을 말한다.

[예문] 성공해서 돌아오겠다고 큰소리치며 떠났던 아들은 의기양양한 모습으로 다시 돌아왔다.

意 뜻 의 | 氣 기운 기 | 揚 날릴 양

意氣衝天
의기충천

뜻과 기운이 하늘을 찌를 듯이 솟아오른다는 말로 뜻한 바를 이루기 위해 다잡은 마음이 하늘에 솟을 정도로 드높다는 뜻이다.

[예문] 숙명의 라이벌전을 앞둔 대표 선수들은 모두들 의기충천해 있습니다.

意 뜻 의 | 氣 기운 기 | 衝 찌를 충 | 天 하늘 천

意味深長
의미심장

말이나 글의 뜻이 매우 깊이 있고 심도 깊다는 뜻이다.

[예문] 오늘 그녀가 한 의미심장한 말은 그를 밤잠 설치게 했다.

意 뜻 의 | 味 맛 미 | 深 깊을 심 | 長 긴 장

疑心生暗鬼
의심생암귀

의심은 암귀(暗鬼)를 낳게 한다는 말로, 선입관은 때로 판단의 정확성을 흐리게 한다는 뜻이다.

[예문] 떠도는 소문만 믿고 그를 고용하지 않는 것은 의심생암귀가 아니고 무엇이겠습니까.

疑 의심할 의 | 心 마음 심 | 生 날 생 | 暗 어두울 암 | 鬼 귀신 귀

以管窺天
이관규천

대롱을 통해 하늘을 본다는 말로 좁은 소견으로는 전체를 파악할 수 없다는 뜻이다. 우물 안 개구리와 같은 말이다.

[예문] 이관규천하지 말고 좀더 넓은 안목으로 세상을 보도록 하자.

以 써 이 | 管 피리 관 | 窺 엿볼 규 | 天 하늘 천

異口同聲
이구동성

입은 다르지만 하는 말은 모두 같다는 말로 여러 사람의 말이 한결같이 동일하다는 뜻이다.

[예문] 그들은 이구동성으로 수해현장으로 달려가 자원봉사에 참여하자고 했다.

異 다를 이 | 口 입 구 | 同 한가지 동 | 聲 소리 성

二桃殺三士 이도살삼사

복숭아 두 개로 세 사람을 죽인다는 뜻으로, 교묘한 술책으로 상대방을 자멸하도록 하는 일을 비유한 것이다.

예문 교묘한 그의 계획은 이도살삼사하고도 남을 만큼 용의주도해 보인다.

二 둘 **이** | 桃 복숭아나무 **도** | 殺 죽일 **살** | 三 석 **삼** | 士 선비 **사**

履薄臨深 이박임심

살얼음을 밟는 듯, 깊은 못에 다다른 듯 말과 행동을 조심하라는 말로 '여리박빙 여림심연(如履薄氷 如臨深淵)'의 준말이다.

예문 그곳은 특히나 입소문이 빠른 곳이니 이박임심하도록 해라.

履 신·밟다 **이** | 薄 얇을 **박** | 臨 임할 **임** | 深 깊을 **심**

以實直告 이실직고

거짓 없이 사실대로 바로 고한다는 뜻이다.

예문 어떻게 된 일인지 다 알고 있으니 숨김없이 이실직고하시기 바랍니다.

以 써 **이** | 實 열매 **실** | 直 곧을 **직** | 告 알릴 **고**

以心傳心 이심전심

마음에서 마음으로 전한다는 뜻으로 말이나 글로써가 아니라 마음으로써 뜻을 깨닫게 한다는 말이다.

[예문] 말은 하지 않았지만 이심전심으로 통했는지 가족들은 모두 일찍 귀가했다.

以 써 **이** | 心 마음 **심** | 傳 전할 **전**

易如反掌 이여반장

손바닥 뒤집는 것처럼 쉬운 일이라는 뜻으로 보통 줄여서 '여반장'이라고 한다.

[예문] 굳게 맹세해 놓고 어떻게 그렇게 쉽게 이여반장할 수 있는지 나로서는 이해할 수가 없다.

易 쉬울 **이** | 如 같을 **여** | 反 되돌릴 **반** | 掌 손바닥 **장**

以熱治熱 이열치열

열은 열로 다스리고 뜨거운 것은 뜨거운 것으로 다스린다는 뜻이다.

[예문] 30도가 넘는 폭염에도 이열치열이라며 사람들은 뜨거운 삼계탕을 잘도 먹었다.

以 써 **이** | 熱 더울 **열** | 治 다스릴 **치**

利用厚生
이용후생

이로운 것을 써서 삶을 두텁게 한다는 말로 사물을 제대로 이용해서 삶을 풍요롭고 편리하게 한다는 뜻이다.

[예문] 이용후생을 강조하며 국민들이 좀더 윤택한 생활을 할 수 있도록 최선을 다하겠다고 다짐했다.

利 이로울 이 | 用 쓸 용 | 厚 두터울 후 | 生 살 생

二人同心
이인동심

두 사람의 마음이 같다는 뜻으로 절친한 친구 사이를 말한다.

[예문] 두 사람은 이인동심하는 사이가 되자며 깊은 우정을 다짐했다.

二 두 이 | 人 사람 인 | 同 같을 동 | 心 마음 심

二律背反
이율배반

서로 모순되어 양립할 수 없는 두 가지 명제라는 말로 보통 앞뒤가 맞지 않거나 모순된 행동을 말할 때 사용한다.

[예문] 겉으로는 국민을 위한다는 공약을 발표하고서 어떻게 그런 이율배반적인 정책을 시행하려고 하는지 모르겠다.

二 두 이 | 律 법 율 | 背 등 배 | 反 되돌릴 반

泥田鬪狗 이전투구

진흙탕에서 싸우는 개라는 뜻으로 대의명분 없이 싸우거나 헐뜯을 때를 빗대는 말이다.

[예문] 이제는 이전투구에서 벗어나 서로 협력해야 할 때입니다.

泥 진흙 이 | 田 밭 전 | 鬪 싸울 투 | 狗 개 구

李下不整冠 이하부정관

오얏나무 밑에서는 갓을 고쳐 쓰지 말라는 뜻으로, 의심받을 만한 일은 아예 근원부터 하지 말라는 말이다.

[예문] 그는 이하부정관으로 인한 오해일 뿐 자신은 그 사건과 전혀 무관하다며 발뺌하고 있다.

李 오얏나무 이 | 下 아래 하 | 不 아니 부 | 整 가지런할 정 | 冠 갓 관

離合集散 이합집산

흩어졌다가 모였다가 한다는 뜻이다.

[예문] 정치권은 올 상반기부터 이합집산을 거듭하더니 끝내는 자멸의 길로 접어들었다.

離 떠날 이 | 合 합할 합 | 集 모을 집 | 散 흩어질 산

因果應報
인과응보

좋은 일에는 좋은 결과가, 나쁜 일에는 나쁜 결과가 따른다는 말이다.

[예문] 모든 것은 인과응보의 결과라며 그는 결과를 겸허히 수용하겠다고 밝혔다.

因 인할 인 | 果 실과 과 | 應 응할 응 | 報 갚을 보

人面獸心
인면수심

얼굴은 사람의 모습을 하고 있지만 마음은 짐승과 같다는 말로 사람의 도리를 모르고 흉악한 사람을 비유한 말이다.

[예문] 총기난동사건을 접한 사람들은 이러한 인면수심의 사건이 다시는 발생하지 않기를 바란다고 했다.

人 사람 인 | 面 낯 면 | 獸 짐승 수 | 心 마음 심

人命在天
인명재천

사람의 목숨은 하늘에 달려 있다는 말로 살고 죽는 것은 사람의 노력으로 어떻게 할 수 없다는 뜻이다.

[예문] 인명은 재천이라며 김 일병의 부모님은 자식 잃은 슬픔을 애써 억누르고 있다.

人 사람 인 | 命 목숨 명 | 在 있을 재 | 天 하늘 천

人非木石
인비목석

사람은 목석이 아니라는 말로 사람은 희로애락의 감정을 느끼는 존재라는 뜻이다.

[예문] 사람이 돌이나 나무와 다른 점은 인비목석이라는 것이다.

人 사람 **인** | 非 아닐 **비** | 木 나무 **목** | 石 돌 **석**

人生無常
인생무상

인생이 무상하다는 뜻으로 인생의 덧없음을 나타내는 말이다.

[예문] 인생무상을 실감한 그녀는 모든 것을 훌훌 털어 버리고 떠나겠다고 했다.

人 사람 **인** | 生 날 **생** | 無 없을 **무** | 常 항상 **상**

人生如朝露
인생여조로

인생은 아침 이슬과 같다는 뜻으로, 해가 떠오르면 곧 사라지는 아침 이슬처럼 짧고 덧없는 인생을 비유하는 말이다.

[예문] 인생여조로인데 다들 왜 이리 아웅다웅하며 사는지 모르겠다.

人 사람 **인** | 生 날 **생** | 如 같을 **여** | 朝 아침 **조** | 露 이슬 **로**

因人成事
인인성사

자신의 힘으로 일을 하지 못하고 남의 힘을 빌어 이룬다는 뜻이다.

[예문] 노고를 치하하는 말에 그는 인인성사의 결과일 뿐이라며 겸손하게 대답했다.

因 인할 **인** | 人 사람 **인** | 成 이룰 **성** | 事 일 **사**

仁者無敵
인자무적

어진 사람에게는 적이 없다는 뜻이다.

[예문] 모든 사람이 존경하는 선생님을 보면 인자무적이라는 말이 떠오른다.

仁 어질 **인** | 者 놈 **자** | 無 없을 **무** | 敵 원수 **적**

人之常情
인지상정

사람이라면 누구나 갖고 있는 보통의 인정을 말한다.

[예문] 내 가족을 먼저 떠올리는 것은 인지상정 아니겠습니까?

人 사람 **인** | 之 갈 **지** | 常 항상 **상** | 情 정 **정**

一擧兩得 (일거양득)

한 가지 일을 하여 두 가지 이득을 얻는 것을 뜻한다.

[예문] 내 고장도 알리고 관광수입도 올리게 되었으니 이것이 바로 일거양득입니다.

― 한 **일** | 擧 들 **거** | 兩 둘 **양** | 得 얻을 **득**

日居月諸 (일거월제)

거(居)와 저(諸)는 조사로 일월(日月, 날과 달)이라는 말이며, 쉬지 않고 가는 세월을 뜻한다.

[예문] 일거월제의 이치를 누가 거스를 수 있을까.

日 날 **일** | 居 살 **거** | 月 달 **월** | 諸 모두 **제**

一擧一動 (일거일동)

하나하나의 동작이나 움직임이란 말로 아주 사소한 동작, 즉 일거수일투족을 말한다.

[예문] 그의 일거일동을 살펴 무엇이 필요한지 그때그때 적절한 조치를 취했다.

― 한 **일** | 擧 들 **거** | ― 한 **일** | 動 움직일 **동**

一騎當千
일기당천

한 사람이 천 사람을 당해 낸다는 말로 무예가 아주 뛰어나다는 뜻이다.

[예문] 그는 일기당천하는 능력을 가진 인물로 누구나 탐내고 있습니다.

— 한 **일** | 騎 말탈 **기** | 當 집 **당** | 千 일천 **천**

一刀兩斷
일도양단

한 칼로 과감히 두 동강이를 낸다는 말로 머뭇거리지 않고 단호히 일을 처리한다는 뜻이다.

[예문] 시간이 없습니다. 일도양단해야 더 이상의 피해가 없을 것입니다.

— 한 **일** | 刀 칼 **도** | 兩 두 **양** | 斷 끊을 **단**

一望無際
일망무제

한눈에 볼 수 없을 정도로 아득하게 멀어서 끝이 보이지 않는다는 뜻이다.

[예문] 산 정상에 오르니 일망무제의 동해바다가 한눈에 들어왔다.

— 한 **일** | 望 바랄 **망** | 無 없을 **무** | 際 사이 **제**

一網打盡
일망타진

한 번 그물을 던져 물고기를 모조리 잡는다는 뜻으로 단번에 어떤 무리를 모조리 잡을 때 사용한다.

[예문] 김 형사는 조직폭력배를 일망타진할 절호의 기회라며 서둘러 자리를 떠났다.

— 한 **일** | 網 그물 **망** | 打 칠 **타** | 盡 다할 **진**

一脈相通
일맥상통

생각이나 성질, 처지 중에 어느 한 가지가 서로 통하거나 비슷하다는 말이다.

[예문] 결국 모든 종교의 진리는 서로 일맥상통하지 않겠느냐.

— 한 **일** | 脈 줄기 **맥** | 相 서로 **상** | 通 통할 **통**

一鳴驚人
일명경인

한 번 울면 사람이 놀란다는 뜻으로 한 번 시작하면 사람을 놀라게 할 정도의 큰 사업을 이룩한다는 말이다.

[예문] 취임사에서 그는 일명경인하겠다는 포부를 밝혀 큰 박수를 받았다.

— 한 **일** | 鳴 울 **명** | 驚 놀랄 **경** | 人 사람 **인**

日暮途遠 일모도원

날은 저물고 갈 길은 멀다는 뜻으로, 할 일은 많은데 시간이 없어 뜻하는 바를 쉽게 이룰 수 없다는 말이다.

예문 급할수록 돌아가라고 했다며 그는 일모도원의 상황이지만 조급히 생각하지 않고 더욱 철저히 임하겠다고 했다.

日 날 일 | 暮 저물 모 | 途 길 도 | 遠 멀 원

一目瞭然 일목요연

한눈에도 확실하게 알 수 있다는 말로 잠시 보고도 똑똑히 안다는 뜻이다.

예문 부장님의 일목요연한 설명에 사장님은 만족한 미소를 지으셨다.

一 한 일 | 目 눈 목 | 瞭 밝을 요 | 然 그러할 연

一罰百戒 일벌백계

한 사람에게 벌을 줌으로써 백 사람에게 경각심을 불러일으킨다는 뜻이다.

예문 그의 죄는 가볍게 넘길 만한 것이 아니라며 추후에 이런 일이 다시는 없도록 일벌백계로 다스리겠다고 발표했다.

一 한 일 | 罰 벌할 벌 | 百 일백 백 | 戒 경계할 계

一步不讓
일보불양

남에게 한 걸음도 양보하지 않는다는 말로 절대 양보하지 않는다는 뜻이다.

[예문] 일보불양한 결과 지금은 그의 곁에 한 사람도 남아 있지 않다.

― 한 **일** | 步 걸음 **보** | 不 아니 **불** | 讓 사양할 **양**

一絲不亂
일사불란

한 가닥의 실도 엉키지 않는다는 말로 질서나 체계가 조금도 흐트러지지 않고 잘 잡혀 있다는 뜻이다.

[예문] 군인들의 일사불란한 움직임은 보는 이들의 감탄을 자아냈다.

― 한 **일** | 絲 실 **사** | 不 아니 **불** | 亂 어지러울 **란**

一瀉千里
일사천리

물이 쏟아져 단번에 천리를 흐른다는 말로 어떤 일이 거칠 것 없이 빨리 진행됨을 비유적으로 일컫는다.

[예문] 정책이 발표된 지 엊그제 같은데 어느새 일이 이렇게 일사천리로 진행되었다.

― 한 **일** | 瀉 쏟을 **사** | 千 천 **천** | 里 거리 **리**

一石二鳥
일석이조

한 개의 돌을 던져 두 마리의 새를 잡는다는 뜻으로 한 가지 일을 해서 두 가지 이익을 볼 때 사용한다.

[예문] 일석이조의 결과를 바랐는데 하나도 제대로 얻지 못하는 결과를 초래하고 말았다.

― 한 **일** | 石 돌 **석** | 二 두 **이** | 鳥 새 **조**

一視同仁
일시동인

누구건 모두 똑같이 평등하게 대한다는 말로 모든 사람을 차별 없이 똑같이 사랑한다는 뜻이다.

[예문] 높은 자리에 있는 사람일수록 일시동인의 자세를 잊지 말아야 한다.

― 한 **일** | 視 볼 **시** | 同 같을 **동** | 仁 어질 **인**

一魚濁水
일어탁수

한 마리의 물고기가 물을 흐린다는 말로 한 사람의 잘못으로 여러 사람이 피해를 본다는 뜻이다.

[예문] 도움이 되지는 못할망정 일어탁수하는 존재가 되어서는 안 될 것이다.

― 한 **일** | 魚 고기 **어** | 濁 흐릴 **탁** | 水 물 **수**

一言半句
일언반구

한 마디의 말과 한 구의 반이란 말로 아주 짧은 말을 가리킨다.

[예문] 그는 일언반구의 말도 없이 종적을 감춰 버렸다.

― 한 **일** | 言 말씀 **언** | 半 반 **반** | 句 글귀 **구**

一言之下
일언지하

말 한마디로 끊는다는 말로 한마디로 딱 잘라 말하는 것을 뜻한다.

[예문] 그녀는 그의 제안을 일언지하에 거절하고 돌아왔다.

― 한 **일** | 之 갈 **지** | 下 아래 **하** (言 말씀 언)

一葉片舟
일엽편주

한 조각 작은 배라는 뜻이다.

[예문] 인생무상이라더니 그는 망망대해의 일엽편주 신세가 되어 떠돌고 있다.

― 한 **일** | 葉 잎 **엽** | 片 조각 **편** | 舟 배 **주**

一以貫之 일이관지

어떤 일을 하나의 원리로 꿰뚫고 있다는 뜻, 즉 한 가지 이치로 만 가지 일을 꿰고 있는 것을 말한다.

[예문] 일이관지하는 그의 능력이 교육뿐 아니라 정치에서도 통할지 귀추가 주목되고 있다.

― 한 **일** | 以 써 **이** | 貫 꿸 **관** | 之 갈 **지**

一日三秋 일일삼추

하루가 삼 년 같다는 말로 몹시 지루하거나 애태우며 기다린다는 뜻이다.

[예문] 시험을 끝내고 일일삼추하던 그에게 드디어 합격의 소식이 날아들었다.

― 한 **일** | 日 해 **일** | 三 석 **삼** | 秋 가을 **추**

一字無識 일자무식

한 글자도 알지 못한다는 말로 아주 무식하다는 뜻이다.

[예문] 정식교육을 받지 못해 일자무식이라던 그는 노래에 뛰어난 재능을 보였다.

― 한 **일** | 字 글자 **자** | 無 없을 **무** | 識 알 **식**

一字千金
일자천금

글자 한 자에 천금의 가치가 있다는 뜻으로, 아주 뛰어난 글자나 훌륭한 문장을 비유할 때 사용한다.

[예문] 일자천금의 가치가 있는 작품이니 소중히 간직해 주시기 바랍니다.

— 한 **일** | 字 글자 **자** | 千 일천 **천** | 金 쇠 **금**

一場春夢
일장춘몽

인생의 영화는 한바탕 봄날의 꿈과 같이 헛된 것이라는 뜻이다.

[예문] 그의 꿈같은 포부에 사람들은 일장춘몽이라며 비웃었지만 그는 결국 목표를 이뤄 냈다.

— 한 **일** | 場 마당 **장** | 春 봄 **춘** | 夢 꿈 **몽**

一陣狂風
일진광풍

한바탕 미친 듯이 몰아치는 사나운 바람을 뜻한다.

[예문] 초반부터 휘몰아친 일진광풍에 사람들은 정신을 차리지 못했다.

— 하나 **일** | 陣 진할 **진** | 狂 미칠 **광** | 風 바람 **풍**

日進月步
일진월보

나날이 다달이 끊임없이 진보하고 발전한다는 뜻이다.

예문: 끈기와 노력으로 일진월보한 결과 괄목상대할 만한 성과를 얻게 되었다.

日 날 **일** | 進 나아갈 **진** | 月 달 **월** | 步 걸음 **보**

一進一退
일진일퇴

한 번 나아갔다 한 번 물러난다는 말로 좋아졌다 나빠졌다 한다는 뜻이다.

예문: 일진일퇴의 공방전을 벌였으나 결국에는 우리 대표팀의 승리로 경기를 마감했다.

一 한 **일** | 進 나아갈 **진** | 一 한 **일** | 退 물러날 **퇴**

一觸卽發
일촉즉발

한 번 스치기만 해도 곧 폭발한다는 말로 조그만 자극에도 큰 일이 벌어질 것 같은 위급하고 아슬아슬한 상태를 뜻한다.

예문: 민감한 사안으로 인해 일촉즉발의 위기까지 갔으나 다행히 큰 소동은 없었다.

一 한 **일** | 觸 닿을 **촉** | 卽 곧 **즉** | 發 쏠 **발**

一寸光陰
일촌광음

아주 짧은 시간, 촌음이라고도 한다.

[예문] 돌아보니 지난 3년이 일촌광음처럼 느껴진다.

一 한 **일** | 寸 마디 **촌** | 光 빛 **광** | 陰 그늘 **음**

日就月將
일취월장

나날이, 다달이 쑥쑥 자라거나 발전한다는 뜻이다.

[예문] 제자들의 일취월장하는 실력에 선생님은 큰 보람을 느꼈다.

日 날 **일** | 就 이룰 **취** | 月 달 **월** | 將 장차 **장**

一波萬波
일파만파

한 가지 일이 그것에 그치지 않고 잇달아 많은 일로 번져서 아주 커지는 것을 비유적으로 일컫는다.

[예문] 기름유출이 부른 피해는 일파만파로 번지고 있다.

一 한 **일** | 波 물결 **파** | 萬 일만 **만** | 波 물결 **파**

一敗塗地
일패도지

한 번 패하여 간과 뇌가 진창에서 뒹굴게 된다는 뜻으로, 여지없이 패하여 도저히 다시 일어설 수 없음을 비유한 것이다.

[예문] 그의 카리스마 있는 추진력은 경쟁사를 일패도지로 몰아넣었다.

— 한 **일** | 敗 깨뜨릴 **패** | 塗 진흙 **도** | 地 땅 **지**

一片丹心
일편단심

오로지 한 곳으로 향한 한 조각의 붉은 마음이라는 말로 진심에서 우러나온 변하지 않는 마음을 뜻한다.

[예문] 십여 년이 지났으나 그녀를 향한 그의 마음은 일편단심이다.

— 한 **일** | 片 조각 **편** | 丹 붉을 **단** | 心 마음 **심**

一筆揮之
일필휘지

글씨나 그림을 끊지 않고 한번에 죽 쓰거나 그리는 것을 뜻한다.

[예문] 일필휘지로 써 내려간 작품이라고는 도저히 믿겨지지 않는다.

— 한 **일** | 筆 붓 **필** | 揮 휘두를 **휘** | 之 갈 **지**

一攫千金
일확천금

단번에 천금을 움켜쥔다는 말로 힘 안 들이고 한꺼번에 많은 재물을 얻는다는 뜻이다.

[예문] 그는 일확천금을 바라고 헛물켜던 철없던 시절을 후회했다.

— 한 **일** | 攫 붙잡을 **확** | 千 천 **천** | 金 쇠 **금**

一喜一悲
일희일비

한편으론 기뻐하고 또 한편으로는 슬퍼한다는 말로 기쁜 일과 슬픈 일이 번갈아 일어난다는 뜻이다.

[예문] 좋은 소식과 나쁜 소식을 동시에 접한 그는 일희일비했다.

— 한 **일** | 喜 기쁠 **희** | — 한 **일** | 悲 슬플 **비**

臨渴掘井
임갈굴정

목이 말라서야 우물을 판다는 말로 미리 준비하지 않고 있다가 일이 닥쳐서야 뒤늦게 서두른다는 뜻이다.

[예문] 유비무환한 그녀는 웃었지만, 임갈굴정하던 그는 끝내 후회의 눈물을 흘리고 말았다.

臨 임할 **임** | 渴 목마를 **갈** | 掘 팔 **굴** | 井 우물 **정**

臨機應變
임기응변

그때그때 처한 상황에 따라 재빨리 그에 맞게 방법을 찾아 대처한다는 뜻이다.

[예문] 임기응변에 능한 것이 능력이 될 수도 있지만 모든 것을 임기응변으로 해결해선 안 된다.

臨 임할 임 | 機 틀 기 | 應 응할 응 | 變 변할 변

臨時方便
임시방편

갑자기 벌어진 상황에 대한 일시적인 해결책으로 일단은 그에 알맞은 방법으로 간단히 처리한다는 뜻이다.

[예문] 일단 뒷수습은 했지만 임시방편에 지나지 않으니 구체적인 대응책을 마련해야 할 것입니다.

臨 임할 임 | 時 때 시 | 方 모 방 | 便 편할 편

臨戰無退
임전무퇴

싸움에 임해서 물러남이 없다는 말로 난관에 부딪혔을 때 피하지 않고 당당히 맞선다는 뜻이다.

[예문] 임전무퇴의 정신으로 당당히 맞선 결과 오늘의 결과를 얻을 수 있었습니다.

臨 임할 임 | 戰 싸움 전 | 無 없을 무 | 退 물러날 퇴

自家撞着 자가당착

자기의 말과 행동이 모순되어 앞뒤가 맞지 않는다는 뜻이다.

[예문] 어제의 대답과 오늘의 대답이 다르니 자가당착이라는 비난을 피할 수 없게 되었다.

自 스스로 자 | 家 집 가 | 撞 칠 당 | 着 붙을 착

自强不息 자강불식

스스로 최선을 다해 노력하고 가다듬어 쉬지 않는다는 뜻이다.

[예문] 궁지에 몰린 그들은 포기하지 않고 자강불식의 정신을 유감없이 보여주었다.

自 스스로 자 | 强 굳셀 강 | 不 아니 불 | 息 숨쉴 식

自激之心 자격지심

자기가 한 일에 대해서 스스로 미흡하다는 생각을 갖는다는 뜻이다.

[예문] 그는 점점 위축되는 자신을 느끼며 자격지심에서 헤어나오지 못했다.

自 스스로 자 | 激 물결부딪쳐흐를 격 | 之 갈 지 | 心 마음 심

自問自答
자문자답

스스로 묻고 스스로 대답한다는 뜻이다.

[예문] 진정으로 내가 하고 싶은 일은 무엇인지 자문자답해 본 뒤에 결정을 내리겠다.

自 스스로 자 | 問 물을 문 | 自 스스로 자 | 答 대답 답

自手成家
자수성가

물려받은 재산이 없이 스스로 재산을 모아서 일가를 이루고 성공한다는 말이다.

[예문] 그는 자수성가한 인생역전을 한 권의 책에 모두 담았습니다.

自 스스로 자 | 手 손 수 | 成 이룰 성 | 家 집 가

自繩自縛
자승자박

자신이 만든 줄로 제 몸을 묶는다는 말로 자신의 말과 행동으로 인해 곤란한 지경에 빠진다, 즉 제 꾀에 제가 넘어간다는 뜻이다.

[예문] 승리를 장담하고 콧노래를 부르더니만 모든 것이 자승자박의 결과가 아니겠는가.

自 스스로 자 | 繩 줄 승 | 縛 묶을 박

自業自得
자업자득

자기가 행한 대로 결과를 얻게 된다는 말로 스스로 초래한 일이라는 뜻이다.

[예문] 공부는 안 하고 놀기만 하더니 시험에 떨어진 것은 자업자득이다.

自 스스로 **자** | 業 업 **업** | 得 얻을 **득**

自中之亂
자중지란

같은 무리 안에서 일어나는 싸움을 가리킨다.

[예문] 초기부터 자중지란으로 몸살을 앓던 협회는 결국에 무너지고 말았다.

自 스스로 **자** | 中 운데 **중** | 之 갈 **지** | 亂 어지러울 **란**

自初至終
자초지종

처음부터 끝까지의 과정 또는 그 기간을 이르는 말이다.

[예문] 그렇게 불같이 화내지 말고 일단은 자초지종을 들어봅시다.

自 스스로 **자** | 初 처음 **초** | 至 이를 **지** | 終 마칠 **종**

自暴自棄 자포자기

스스로 자신을 해치고, 스스로 자신을 버린다는 뜻으로 실망이나 타락으로 말미암아 자신을 돌보지 않고 마구 행동하는 것을 가리킨다.

[예문] 회사에서 쫓겨난 그는 자포자기한 심정으로 방에만 틀어박혀 있다.

自 스스로 자 | 暴 사나울 포(폭) | 棄 버릴 기

自畵自讚 자화자찬

자신이 그린 그림을 자기 스스로 칭찬한다는 말로 자기가 한 일을 자랑스럽게 여긴다는 뜻이다.

[예문] 아무도 칭찬해 주지 않는데 그는 벌써 두 시간째 자화자찬에 빠져 있다.

自 스스로 자 | 畵 그림 화 | 讚 기릴 찬

作心三日 작심삼일

한번 결심한 것이 사흘을 넘기지 않는다는 말로 결심이 단단하지 못하다는 뜻이다.

[예문] 이번 신년에는 결코 작심삼일이 되지 않도록 하겠다.

作 지을 작 | 心 마음 심 | 三 석 삼 | 日 날 일

張三李四 장삼이사

장 씨의 셋째 아들과 이 씨의 넷째 아들이란 말로 특별한 신분이 없는 보통의 평범한 사람을 일컫는다.

[예문] 장삼이사에서 대통령에 이르기까지 모두들 그와 만나기를 고대하고 있다.

張 베풀 **장** | 三 석 **삼** | 李 오얏나무 **이** | 四 넉 **사**

才勝德薄 재승덕박

재주는 있으나 덕이 엷다는 말로 재주나 능력은 뛰어나지만 덕이 모자라다는 뜻이다.

[예문] 재승덕박한 인물은 능력이 아무리 뛰어나더라도 사람들에게 존경을 받지 못한다.

才 재주 **재** | 勝 이길 **승** | 德 큰 **덕** | 薄 엷을 **박**

才子佳人 재자가인

재주가 있는 남자와 아름다운 여자를 말한다.

[예문] 재자가인의 특별한 사람들보다는 장삼이사인 사람들이 더욱 가깝게 느껴진다.

才 재주 **재** | 子 아들 **자** | 佳 아름다울 **가** | 人 사람 **인**

賊反荷杖 적반하장

잘못한 사람이 도리어 잘한 사람을 나무라는 경우에 빗대어 쓰는 말이다.

[예문] 이런 황당한 경우를 두고 적반하장도 유분수라고 하는 것일세. 사과해야 할 사람이 누군데 오히려 큰소리를 치는 건가?

賊 도둑 적 | 反 되돌릴 반 | 荷 연·책망할 하 | 杖 지팡이 장

赤手空拳 적수공권

맨손과 맨주먹이란 말로 아무 것도 가진 것이 없다는 뜻이다.

[예문] 적수공권으로 시작해서 이뤄 낸 성과이기에 더욱 큰 박수를 받는 것이다.

赤 붉을 적 | 手 손 수 | 空 빌 공 | 拳 주먹 권

適材適所 적재적소

알맞은 인물을 그에 알맞은 자리에 쓴다는 말로 적당한 능력을 지닌 인재를 그에 알맞은 자리에 기용한다는 뜻이다.

[예문] 적재적소에 인재를 기용하는 그의 능력은 정평이 나 있다.

適 맞을 적 | 材 재목 재 | 適 맞을 적 | 所 바 소

積塵成山 적진성산

티끌을 쌓아 산을 이룬다는 말로 티끌모아 태산이라는 뜻이다.

[예문] 그는 적진성산의 정신으로 임한다면 산을 옮길 수도 있다며 직원들을 독려했다.

積 쌓을 **적** | 塵 티끌 **진** | 成 이룰 **성** | 山 메 **산**

電光石火 전광석화

번갯불이나 부싯돌의 불이 번쩍이는 순간처럼 아주 짧은 시간이나 동작을 가리킨다.

[예문] 특수부대 요원들은 전광석화처럼 현장에 진입해 눈 깜짝할 사이에 사건을 처리했다.

電 번개 **전** | 光 빛 **광** | 石 돌 **석** | 火 불 **화**

前代未聞 전대미문

지금까지 전혀 들어보지 못한 새로운 일을 가리키는 말이다.

[예문] 오늘 발생한 이 사건은 전대미문의 사건으로 역사에 기록될 것이다.

前 앞 **전** | 代 시대 **대** | 未 아닐 **미** | 聞 들을 **문**

前途洋洋 전도양양

앞날이 크게 열려 희망이 넘친다는 말로 장래가 아주 밝고 기대된다는 뜻이다.

예문 그녀는 전도양양한 교수로 평가받았지만 웬일인지 교수직을 사임하고 낙향했다.

前 앞 **전** | 途 길 **도** | 洋 넘칠 **양**

前道遼遠 전도요원

앞으로 갈 길이 아득히 멀다는 말로 목적한 바에 이르기엔 아직도 멀었다는 뜻이다.

예문 창작의 규제가 많이 풀렸다고는 하지만 아직도 전도요원한 것이 사실이다.

前 앞 **전** | 道 길 **도** | 遼 멀 **요** | 遠 멀 **원**

前途有望 전도유망

앞길에 희망이 있다는 말로 장래가 기대된다는 뜻이다.

예문 이번 대회에서 결승에 진출한 박 선수는 전도유망한 올해의 선수로 뽑혔다.

前 앞 **전** | 途 길 **도** | 有 있을 **유** | 望 바랄 **망**

前無後無 전무후무

전에도 없고, 앞으로도 없다는 말로 놀라울 정도로 이례적인 일이라는 뜻이다.

[예문] 수많은 잡음에도 불구하고 폭발적인 지지를 얻은 김 대표는 전무후무한 기록을 남기게 되었다.

前 앞 전 | 無 없을 무 | 後 뒤 후 | 無 없을 무

戰戰兢兢 전전긍긍

두려워 떨면서 몸을 움츠리고 조심하는 것, 어떤 위기가 닥치지 않을까 두려워 쩔쩔매는 모습을 나타낸다.

[예문] 그렇게 전전긍긍해서는 될 일도 안 되겠다. 마음을 단단히 먹고 임해라.

戰 싸울 전 | 兢 삼갈 긍

輾轉反側 전전반측

밤새도록 뒤척이며 잠 못 이루는 모습을 비유한 것이다.

[예문] 전전반측으로 밤을 보내고 아침을 맞은 그의 모습은 너무나 초췌했다.

輾 구를 전 | 反 되돌릴 반 | 側 곁 측

前程萬里
전정만리

앞길이 만리나 된다는 말로 나이가 젊어 장래가 유망하다는 뜻이다.

[예문] 전정만리인 젊은이가 유명을 달리했으니 그 부모의 심정이 오죽할까.

前 앞 **전** | 程 단위 **정** | 萬 일만 **만** | 里 거리 **리**

轉禍爲福
전화위복

화가 바뀌어 오히려 복이 된다는 말이다.

[예문] 선거 막판에 터진 스캔들이 오히려 그에게는 전화위복이 되어 표를 끌어 모으는 결과를 가져왔다.

轉 구를 **전** | 禍 재화·불행 **화** | 爲 할 **위** | 福 복 **복**

切磋琢磨
절차탁마

옥이나 돌 등을 갈고 다듬어 모양과 빛을 낸다는 뜻으로, 학문이나 자기 수양에 끊임없이 노력하는 모습을 비유하는 말이다.

[예문] 공고 출신이라는 꼬리표를 달고서도 절차탁마한 결과 장관직에 오를 수 있었다.

切 끊을 **절** | 磋 갈 **차** | 琢 쫄 **탁** | 磨 갈 **마**

切齒腐心
절치부심

이를 갈고 속이 썩는다는 말로 몹시 분하고 억울하다는 뜻이다.

[예문] 절치부심의 시간을 보냈기에 오늘날의 성공이 더욱 값지게 느껴진다.

切 끊을 **절** | 齒 이 **치** | 腐 썩을 **부** | 心 마음 **심**

漸入佳境
점입가경

가면 갈수록 경치가 아름다워진다는 말로 일이 점점 재미있어진다는 뜻으로 쓰인다.

[예문] 서로 물고 뜯으며 싸우는 꼴이 갈수록 점입가경이구나.

漸 점점 **점** | 入 들 **입** | 佳 아름다울 **가** | 境 지경 **경**

頂門一鍼
정문일침

정수리에 침을 준다는 말로 남의 잘못에 대해 따끔하게 충고한다는 뜻이다.

[예문] 다들 선뜻 나서서 그의 잘못된 판단을 꼬집지 못했지만 그녀는 망설임 없이 정문일침을 가해 박수를 받았다.

頂 정수리 **정** | 門 문 **문** | 一 한 **일** | 鍼 침 **침**

精而不博
정이불박

깊게는 알되 넓게는 알지 못하다는 말로 정교하기는 하지만 박학다식하지 못하다는 뜻이다.

[예문] 사람들의 칭찬에 그는 정이불박에 지나지 않는다며 부끄러워했다.

精 찧을·자세할 **정** | 而 말이을 **이** | 不 아니 **불** | 博 넓을 **박**

井中之蝸
정중지와

우리 속담에 '우물 안 개구리'라는 말과 같은 뜻으로, 식견이 매우 좁은 것을 비유한다.

[예문] 정중지와식 전략으로는 당장의 이익밖에 얻을 수 없음에도 그들은 전략을 수정하지 않았다.

井 우물 **정** | 中 가운데 **중** | 之 갈 **지** | 蛙 개구리 **와**

諸行無常
제행무상

이 세상의 모든 만물은 항상 변한다는 뜻으로 인생의 무상함을 일컫는 말이다.

[예문] 오색찬란한 단풍이 가득한 산을 발밑에 두고 보니 제행무상함을 느낀다.

諸 모두 **제** | 行 다닐 **행** | 無 없을 **무** | 常 떳떳할 **상**

糟糠之妻 조강지처

지게미와 쌀겨로 끼니를 이으며 고생을 함께 한 아내를 말한다. 지금은 아내를 가리키는 말로 자주 쓰인다.

[예문] 조강지처를 버리고 새로운 가정을 꾸린 그 남자는 사람들의 손가락질을 받았다.

糟 전국·지게미 **조** | 糠 겨 **강** | 之 갈 **지** | 妻 아내 **처**

朝令暮改 조령모개

아침에 내린 명령을 저녁에 고친다는 말로 법령이나 명령이 자주 뒤바뀐다는 뜻이다.

[예문] 교육부의 조령모개식 정책에 학생과 학부모들은 갈피를 잡지 못하고 있다.

朝 아침 **조** | 令 영 **령** | 暮 저물 **모** | 改 고칠 **개**

朝聞夕死 조문석사

아침에 진리를 깨치면 저녁에 죽어도 한이 없다는 뜻으로 참된 이치를 깨달으면 죽어도 여한이 없다는 말이다.

[예문] 학문에는 끝이 없다며 조문석사하겠다는 신념으로 더욱 학문에 매진하리라 다짐했다.

朝 아침 **조** | 聞 들을 **문** | 夕 저녁 **석** | 死 죽을 **사**

朝變夕改
조변석개

아침에 변하고 저녁에 다시 고친다는 말로 일을 자주 뜯어고친다는 뜻이다.

[예문] 사람들은 조변석개하는 정책에 익숙해졌는지 이제는 관심도 갖지 않고 그러려니 한다.

朝 아침 조 | 變 변할 변 | 夕 저녁 석 | 改 고칠 개

朝三暮四
조삼모사

아침에 세 개, 저녁에 네 개, 즉 간사한 잔꾀로 남을 속여 희롱함을 일컫는다.

[예문] 조삼모사식의 마케팅은 소비자를 우롱하는 것이나 다름없다.

朝 아침 조 | 三 석 삼 | 暮 저물 모 | 四 넉 사

棗栗梨柿
조율이시

제사상에서 흔히 쓰이는 대추, 밤, 배, 감을 말하며 이 순서대로 동쪽으로부터 놓아야 한다는 뜻이다.

[예문] 제사상의 과일은 조율이시의 순서로 놓아야 한다.

棗 대추 조 | 栗 밤나무 율 | 梨 배나무 이 | 柿 감나무 시

鳥足之血
조족지혈

새 발의 피, 즉 아주 적은 보잘것없는 분량을 말한다.

[예문] 메이저 영화사에 비하면 조족지혈에 불과한 성과지만 그들은 실망하지 않고 좋은 영화를 만드는데 힘쓰고 있다.

鳥 새 **조** | 足 발 **족** | 之 어조사 **지** | 血 피 **혈**

縱橫無盡
종횡무진

자유자재로 행동하며 거침없다는 뜻이다.

[예문] 전국을 종횡무진 누비며 새로운 책임자로서의 역할을 다하고 있다.

縱 세로 **종** | 橫 가로 **횡** | 無 없을 **무** | 盡 다할 **진**

左顧右眄
좌고우면

왼쪽을 봤다, 오른쪽을 봤다 한다는 말로 무슨 일에 재빨리 결정을 내리지 못하고 눈치를 살핀다는 뜻이다.

[예문] 결정을 내리지 못하고 좌고우면하는 사이에 경쟁사는 이미 수익을 내고 있을 것이다.

左 왼 **좌** | 顧 돌아볼 **고** | 右 오른 **우** | 眄 애꾸눈 **면**

坐不安席
좌불안석

마음속에 불안과 근심이 어려 있어 한곳에 오래 앉아 있지 못한다는 뜻이다.

[예문] 모든 것을 자신의 책임인 것처럼 느끼고 좌불안석인 그에게 좋은 소식이 날아들었다.

坐 앉을 **좌** | 不 아니 **불** | 安 편안할 **안** | 席 자리 **석**

坐井觀天
좌정관천

우물 안에 앉아 하늘을 본다는 말로 우물 안 개구리, 즉 세상 물정을 너무나 모른다는 뜻이다.

[예문] 하나만 알고 둘은 모르니 좌정관천식의 대책만 세우는 것이다.

坐 앉을 **좌** | 井 우물 **정** | 觀 볼 **관** | 天 하늘 **천**

左之右之
좌지우지

왼쪽으로 돌렸다 오른쪽으로 돌렸다 한다는 말로 제 마음 내키는 대로 자유롭게 한다는 뜻이다.

[예문] 몇 년째 협회를 좌지우지하며 손아귀에 넣고 마음대로 하던 회장의 퇴임도 얼마 남지 않았다.

左 왼 **좌** | 之 갈 **지** | 右 오른 **우** | 之 갈 **지**

左衝右突 좌충우돌

이리저리 마구 찌르고 부딪친다는 말로 앞뒤 가리지 않고 무턱대고 덤벼든다는 뜻이다.

[예문] 좌충우돌 문제를 일으키던 천방지축 막내딸이 드디어 결혼을 하게 되었구나.

左 왼 **좌** | 衝 찌를 **충** | 右 오른 **우** | 突 갑자기 **돌**

主客一體 주객일체

주체와 객체가 하나가 된다는 말이다.

[예문] 주객일체의 자세로 소비자의 욕구를 철저히 분석한 결과 새로 개발한 제품은 선풍적인 인기를 얻게 되었다.

主 임금·주인 **주** | 客 손 **객** | 一 한 **일** | 體 몸 **체**

主客顚倒 주객전도

주인과 손님의 입장이 바뀌었다는 말로 어떤 일의 순서나 상황 등이 바뀐 경우를 뜻한다.

[예문] 질 높은 교육으로 학문을 우선시해야 할 대학이 취업을 위한 곳으로 전락했으니 주객전도의 상황이 아니겠는가.

主 주인 **주** | 客 손 **객** | 顚 꼭대기 **전** | 倒 넘어질 **도**

晝耕夜讀
주경야독

낮에는 밭을 갈고 밤에는 읽는다는 말로 낮에 열심히 일하고 밤에는 공부를 게을리 하지 않는다는 말이다.

[예문] 회사를 다니며 주경야독한 결과 이번 시험에서 좋은 성적을 거둘 수 있었다.

晝 낮 주 | 耕 밭갈 경 | 夜 밤 야 | 讀 읽을 독

走馬加鞭
주마가편

달리는 말에 채찍을 더한다는 말로 잘하는 사람에게 더 잘하도록 격려한다는 뜻이다.

[예문] 이번에 상을 탄 김 대리는 주마가편의 뜻으로 알고 더욱 열심히 노력하겠다고 밝혔다.

走 달릴 주 | 馬 말 마 | 加 더할 가 | 鞭 채찍 편

走馬看山
주마간산

달리는 말 위에서 산천을 구경한다는 말로 바쁘고 정신이 없어 대충대충 보고 넘어간다는 뜻이다.

[예문] 주마간산식으로 공부하면 나중에는 기억에 남는 것이 아무 것도 없을 것이다.

走 달릴 주 | 馬 말 마 | 看 볼 간 | 山 뫼 산

酒池肉林
주지육림

술로 못을 만들고, 고기로 숲을 이루게 했다는 뜻으로 사치스럽고, 방탕하기가 이를 데 없는 경우를 말한다.

[예문] 성공에 취해 주지육림한 생활을 하더니만 결국에는 빈털터리가 되었구나.

酒 술 주 | 池 연못 지 | 肉 고기 육 | 林 수풀 림

竹馬故友
죽마고우

함께 대나무말을 타고 놀던 어린 시절의 친구, 즉 어릴 때부터 같이 놀며 자란 친한 벗을 말한다.

[예문] 그는 호주에 살고 있는 죽마고우를 만나러 여행을 떠났다.

竹 대나무 죽 | 馬 말 마 | 故 옛 고 | 友 벗 우

衆寡不敵
중과부적

적은 수로는 많은 수를 대적하지 못한다는 말, 즉 애초에 차이가 나면 상대해서는 안 된다는 뜻이다.

[예문] 의기충천하게 전장으로 떠났으나 중과부적으로 그는 결국 죽음을 맞고 말았다.

衆 무리 중 | 寡 적을 과 | 不 아니 부 | 敵 원수 적

衆口難防
중구난방

여러 사람의 입을 막기가 어렵다는 뜻으로 많은 사람들이 한꺼번에 떠들어 대는 것은 감당하기 어렵다는 말이다.

[예문] 펀드의 수익이 좋다고 알려지자 사람들이 중구난방으로 몰려들고 있다.

衆 무리 **중** | 口 입 **구** | 難 어려울 **난** | 防 막을 **방**

重言復言
중언부언

반복해서 다시 말한다는 뜻으로 같은 말을 여러 번 되풀이한다는 말이다.

[예문] 중언부언하지 말고 네가 원하는 바를 똑똑히 말해라.

重 무거울 **중** | 言 말씀 **언** | 復 다시 **부** | 言 말씀 **언**

知己之友
지기지우

나를 가장 잘 알아주는 친한 친구를 뜻한다.

[예문] 나보다 한 살 어리지만 그는 나와 오랜 시간을 함께 한 지기지우이다.

知 알 **지** | 己 몸 **기** | 之 갈 **지** | 友 벗 **우**

指鹿爲馬
지록위마

사슴을 말이라고 우긴다는 말로, 자기 권세를 믿고 뭇사람을 농락한다는 뜻이다.

[예문] 진실은 언젠가 밝혀지게 되어 있다며 사람들의 의혹에 그는 지록위마의 고사를 말하며 한 치의 부끄러움도 없다고 했다.

指 손가락 **지** | 鹿 사슴 **록** | 爲 할 **위** | 馬 말 **마**

支離滅裂
지리멸렬

이리저리 흩어지고 찢어져서 갈피를 잡을 수 없다는 말로 어떤 일에 체계가 없이 엉망이라는 뜻이다.

[예문] 지리멸렬한 인생이지만 웃음을 잃지 않았다는 그의 말이 감동으로 다가왔다.

支 가를 **지** | 離 떼놓을 **리** | 滅 멸망할 **멸** | 裂 찢을 **렬**

至誠感天
지성감천

정성이 지극하면 하늘도 감동한다는 말로 포기하지 않고 노력하면 어려운 일도 해낼 수 있다는 말이다.

[예문] 지성이면 감천이라더니 그의 지극한 간호에 어머님이 드디어 눈을 뜨셨다.

至 이를 **지** | 誠 정성 **성** | 感 느낄 **감** | 天 하늘 **천**

知足不辱 지족불욕

만족할 줄 아는 사람은 욕된 일을 당하지 않는다는 말로 모든 일에 분수를 알고 만족하면 난처한 상황에 처하지 않는다는 뜻이다.

[예문] 욕심이 화를 부르게 되어 있다. 지족불욕한 삶을 사는 것이 남은 목표이다.

知 알 **지** | **足** 발 **족** | **不** 아니 **불** | **辱** 욕되게할 **욕**

遲遲不進 지지부진

더디고 더뎌서 앞으로 나아가지 않는다는 말로 일 등이 제대로 진척되지 않는다는 뜻이다.

[예문] 많은 자원봉사자들의 참여에도 불구하고 복구는 지지부진하기만 하다.

遲 더딜·늦을 **지** | **不** 아니 **부** | **進** 나아갈 **진**

知彼知己 지피지기

상대를 알고 나를 안다는 말로 적의 형편과 나의 형편을 제대로 알아야 한다는 뜻이다.

[예문] 자고로 지피지기면 백전백승이라고 했다.

知 알 **지** | **彼** 저 **피** | **己** 지기 **지**

指呼之間
지호지간

손짓으로 부르면 곧 대답할 만한 거리라는 말로 아주 가까운 거리를 뜻한다.

[예문] 지호지간에 있음에도 멀리 외국에 있는 것처럼 멀게만 느껴진다.

指 가리킬 지 | 呼 부를 호 | 之 갈 지 | 間 사이 간

珍羞盛饌
진수성찬

맛이 좋은 음식으로 잘 차린다는 말로 성대하게 아주 잘 차린 진귀한 음식을 뜻한다.

[예문] 이런 진수성찬을 대접해 주시니 감사할 따름입니다.

珍 보배 진 | 羞 바칠 수 | 盛 담을 성 | 饌 반찬 찬

進退兩難
진퇴양난

나아가지도 물러나지도 못하는 어려운 상황, 즉 이러지도 저러지도 못하는 난감한 상황을 말한다.

[예문] 계획을 중단할 수도, 그렇다고 계속 할 수도 없으니 진퇴양난에 빠지고 말았구나.

進 나아갈 진 | 退 물러날 퇴 | 兩 두 양 | 難 어려울 난

進退維谷 (진퇴유곡)

나아갈 수도 없고 물러설 수도 없는 궁지에 빠졌다는 말로 이러지도 저러지도 못하는 상황을 말한다.

[예문] 진퇴유곡에 빠진 현 상황에서 가장 시급한 것은 김 부장을 대신할 사람을 찾는 것이다.

進 나아갈 **진** | 退 물러날 **퇴** | 維 바 **유** | 谷 골 **곡**

嫉逐排斥 (질축배척)

시기하고 미워해 쫓아내고 물리친다는 뜻이다.

[예문] 적과 동지를 가리지 않고 질축배척한 결과 이제 그에게는 적밖에 남지 않았다.

嫉 시기할 **질** | 逐 쫓을 **축** | 排 밀칠 **배** | 斥 물리칠 **척**

此日彼日 차일피일

일을 핑계 삼아서 자꾸만 기한을 늦춘다는 뜻이다.

[예문] 차일피일 미루지만 말고 어서 결정을 내려 주시기 바랍니다.

此 이 **차** | 日 날 **일** | 彼 저 **피** | 日 해 **일**

創業守成 창업수성

사업을 일으키는 것은 쉬우나, 그 이룩한 사업을 지켜 나가기는 어렵다는 말이다.

[예문] 김 대표는 창업수성을 이룩하자며 직원들을 독려했다.

創 비롯할 **창** | 業 업 **업** | 守 지킬 **수** | 成 이룰 **성**

倉卒之間 창졸지간

미처 어떻게 손을 써 볼 수도 없는 짧은 동안이라는 말로 '졸지에, 너무나 갑작스러운 순간에'라는 뜻이다.

[예문] 창졸지간에 벌어진 일이라 전후 상황이 어떻게 된 건지 도통 알 수가 없다.

倉 곳집 **창** | 卒 마칠 **졸** | 之 갈 **지** | 間 사이 **간**

滄海一粟
창해일속

한없이 넓은 바다에 떠 있는 한 알의 좁쌀이라는 뜻으로 크고 넓은 것 가운데 있는 아주 작고 하찮은 것을 비유하는 말이다.

[예문] 창해일속에 지나지 않는 도움일지라도 좋은 일에 동참하고 싶습니다.

滄 찰 **창** | 海 바다 **해** | 一 한 **일** | 粟 조 **속**

天高馬肥
천고마비

하늘은 높고 말은 살찐다는 뜻으로, 아름답고 풍성한 계절인 가을을 비유하는 말이다.

[예문] 어느덧 천고마비의 계절도 다 지나고 겨울이 코앞이구나.

天 하늘 **천** | 高 높을 **고** | 馬 말 **마** | 肥 살찔 **비**

千苦萬難
천고만난

천 가지 괴로움과 만 가지 어려움이라는 말로 온갖 고난과 어려움을 이른다.

[예문] 천고만난의 시절을 보내고 나니 그 어떤 어려움도 이겨낼 수 있을 것 같은 자신감이 생깁니다.

千 일천 **천** | 苦 쓸 **고** | 萬 일만 **만** | 難 어려울 **난**

千慮一得
천려일득

바보 같이 부족한 사람이라도 그의 많은 생각 중에 한 가지는 쓸 만하고 얻을 것이 있다는 뜻이다.

[예문] 천려일득이라 했으니 아무리 보잘것없이 보이는 사람일지라도 함부로 대하면 안 된다.

千 일천 **천** | 慮 오두막집 **려** | 一 한 **일** | 得 얻을 **득**

千慮一失
천려일실

여러 번 생각하고 신중히 조심스럽게 한 일에도 때로는 실수가 따르는 법이라는 뜻이다.

[예문] 천려일실한 일일지라도 그 결과를 장담할 수 없는데 어찌 그리 일을 쉽게 처리하느냐.

千 천 **천** | 慮 생각할 **려** | 一 한 **일** | 失 잃을 **실**

千里眼
천리안

천리 밖을 내다볼 수 있는 눈이라는 뜻으로 곧 먼 일을 환히 꿰뚫어보는 통찰력을 말한다.

[예문] 결과를 예측하는 그의 천리안에 담당자들은 모두 넋을 잃었다.

千 일천 **천** | 里 마을 **리** | 眼 눈 **안**

天方地軸 천방지축

하늘 모서리와 땅의 축이라는 말로 천지 분간 없이 날뛰는 모습, 즉 두서를 잡지 못하고 허둥대는 모습을 일컫는다.

[예문] 우리 집 강아지는 어찌나 천방지축인지 도통 가만히 있지를 않는다.

天 하늘 **천** | 方 모 **방** | 地 땅 **지** | 軸 굴대 **축**

天生配匹 천생배필

하늘에서 미리 정해 준 배필이라는 말로 아주 잘 어울리는 한 쌍의 부부를 뜻한다.

[예문] 이렇게 마주한 두 사람을 보니 천생배필이 따로 없구나.

天 하늘 **천** | 生 날 **생** | 配 나눌·짝 **배** | 匹 짝 **필**

天生緣分 천생연분

하늘에서 정해 준 연분이라는 말로 거스를 수 없을 정도로 잘 어울리는 남녀 사이를 뜻한다.

[예문] 네가 벌써 이렇게 커서 천생연분인 짝을 만나 결혼하게 되었다니 믿어지지가 않는다.

天 하늘 **천** | 生 날 **생** | 緣 인연 **연** | 分 나눌 **분**

千辛萬苦
천신만고

천 가지 매운 일과 만 가지 괴로운 일이란 말로 마음과 힘을 다해서 애쓴다는 뜻이다.

[예문] 그는 천신만고 끝에 그녀의 마음을 얻을 수 있었다.

千 일천 **천** | 辛 매울 **신** | 萬 일만 **만** | 苦 쓸 **고**

天涯地角
천애지각

하늘 끝과 땅의 귀퉁이라는 말로 아주 멀리 떨어져 있다는 뜻이다.

[예문] 마음이 멀어지니 가까운 곳에 있어도 천애지각인 것처럼 느껴진다.

天 하늘 **천** | 涯 물가 **애** | 地 따 **지** | 角 뿔 **각**

天壤之差
천양지차

하늘과 땅의 차이처럼 아주 엄청나게 큰 차이를 일컫는다.

[예문] 막판에 접어든 개표 결과, 천양지차로 벌어진 간격을 좁히기에는 역부족이다.

天 하늘 **천** | 壤 흙덩이 **양** | 之 갈 **지** | 差 다를 **차**

天壤懸隔 천양현격

하늘과 땅처럼 아주 크게 동떨어진 것, 즉 아주 큰 차이나 격차를 말한다.

[예문] 네가 유유자적하고 있는 동안 쉬지 않고 노력한 그의 실력은 너와 천양현격으로 벌어졌다.

天 하늘 **천** | 壤 흙덩이 **양** | 懸 달 **현** | 隔 사이뜰 **격**

天佑神助 천우신조

하늘이 돕고 신이 돕는다는 말로 하늘의 도움이란 뜻이다.

[예문] 갑작스런 화재로 인해 그곳에 있는 모든 사람들이 숨을 거뒀지만 그는 천우신조로 살아남았다.

天 하늘 **천** | 佑 도울 **우** | 神 귀신 **신** | 助 도울 **조**

天恩罔極 천은망극

하늘의 은혜가 한이 없다는 말로 임금의 은덕이 말할 수 없이 크다는 뜻이다.

[예문] 그는 천은이 망극하다며 임금이 계신 곳을 향해 연거푸 절을 했다.

天 하늘 **천** | 恩 은혜 **은** | 罔 그물 **망** | 極 극진할 **극**

天泣地哀 천읍지애

하늘이 울고 땅이 슬퍼한다는 말로 온 세상이 다 슬퍼한다는 뜻이다.

[예문] 직접 수해의 현장에 와보니 한마디로 천읍지애의 광경이다.

天 하늘 **천** | 泣 울 **읍** | 地 따 **지** | 哀 슬플 **애**

天衣無縫 천의무봉

선녀의 옷은 꿰맨 자국이 없다는 뜻으로, 시문이나 서화 등이 기교 없이 완벽하고 자연스러운 아름다움을 지녔을 때 사용한다.

[예문] 일류 조각가의 솜씨로도 흉내낼 수 없을 만큼 훌륭한 천의무봉의 모습을 드러냈다.

天 하늘 **천** | 衣 옷 **의** | 無 없을 **무** | 縫 꿰맬 **봉**

天人共怒 천인공노

하늘과 땅이 함께 성낸다는 말로 도저히 용서할 수 없는 일을 가리킨다.

[예문] 천인공노할 범죄를 저지르고도 저렇게 뻔뻔하다니 하늘이 무섭지도 않느냐.

天 하늘 **천** | 人 사람 **인** | 共 함께 **공** | 怒 성낼 **노**

千紫萬紅 천자만홍

울긋불긋한 가지가지 빛깔이란 말이다.

[예문] 설악산 단풍이 천자만홍의 아름다움을 뽐내고 있다.

千 천 **천** | 紫 자줏빛 **자** | 萬 일만 **만** | 紅 붉을 **홍**

千載一遇 천재일우

천년 만에 한 번 만나게 되는 것으로 평생에 한 번 있을까 말까한, 좀처럼 얻기 어려운 좋은 기회를 뜻한다.

[예문] 이것은 평생에 다시없을 천재일우의 좋은 기회이니 놓치지 말고 네 것으로 만들도록 해라.

千 일천 **천** | 載 실을 **재** | 一 한 **일** | 遇 만날 **우**

天災地變 천재지변

하늘과 땅, 즉 자연으로부터의 재앙을 말한다. 지진, 홍수, 태풍처럼 사람의 힘으로 막을 수 없는 자연의 재앙을 뜻한다.

[예문] 천재지변이라기보다는 인재에 가까운 사고가 연일 계속 되고 있다.

天 하늘 **천** | 災 재앙 **재** | 地 따 **지** | 變 변할 **변**

天井不知 천정부지

천장을 모른다는 뜻으로 물건의 값 등이 끝을 모르고 치솟는다는 말이다.

[예문] 금년 배추의 소매가격은 천정부지로 뛰어올라 주부들이 울상을 짓고 있다.

天 하늘 천 | 井 우물 정 | 不 아니 부 | 知 알 지

天地神明 천지신명

하늘과 땅의 신들, 즉 천지의 조화를 주관하는 온갖 신령들을 말한다.

[예문] 대형 교통사고임에도 가벼운 타박상만 입은 그는 천지신명께 감사의 기도를 드렸다.

天 하늘 천 | 地 따 지 | 神 귀신 신 | 明 밝을 명

天眞爛漫 천진난만

천진함이 넘친다는 말로, 꾸밈없이 아주 순진하고 참되다는 뜻이다.

[예문] 천진난만한 아이의 표정을 보니 모든 근심이 사라진다.

天 하늘 천 | 眞 참 진 | 爛 문드러질 난 | 漫 흩어질 만

天眞無垢 천진무구

때가 전혀 묻지 않은 아주 순진함을 일컫는다.

[예문] 고생스럽지만 천진무구한 아이들의 표정을 보면 힘이 솟는다며 그녀는 오늘도 일터로 향했다.

天 하늘 천 | 眞 참 진 | 無 없을 무 | 垢 때 구

千差萬別 천차만별

모든 것에는 하나같이 다 차이가 있고 구별이 있다는 뜻이다.

[예문] 같은 이름의 펀드라도 수익은 천차만별이니 철저히 알아보고 시작하자.

千 일천 천 | 差 다를 차 | 萬 일만 만 | 別 다를·나눌 별

千村萬落 천촌만락

수많은 촌락을 뜻한다.

[예문] 천촌만락을 직접 돌아보며 민생의 소리에 귀 기울였다.

千 일천 천 | 村 마을 촌 | 萬 일만 만 | 落 떨어질 락

千篇一律 천편일률

천 권의 책이 하나의 법처럼 똑같다는 말로 각기 다른 사물이 개성이 없이 모두 엇비슷하다는 뜻이다.

[예문] 천편일률적으로 똑같은 결말은 보는 이들의 흥미를 떨어뜨렸다.

千 일천 **천** | 篇 책 **편** | 一 한 **일** | 律 법 **률**

天下無敵 천하무적

하늘 아래 대적할 만한 것이 없다는 말로 세상에 필적할 만한 자가 없다는 뜻이다.

[예문] 30연승을 달리고 있는 대표팀은 지금 상황에선 천하무적으로 그 어떤 팀을 상대해도 이길 것만 같다.

天 하늘 **천** | 下 아래 **하** | 無 없을 **무** | 敵 대적할 **적**

天下泰平 천하태평

온 세상이 태평하다는 말이다. 근심 걱정이 없거나 세상일에 무관심해 걱정거리가 없다는 뜻도 있다.

[예문] 다들 시험 결과에 신경을 곤두세우고 있는데 우리 집 막내아들만 천하태평이다.

天 하늘 **천** | 下 아래 **하** | 泰 클 **태** | 平 평평할 **평**

淺學菲才 천학비재

배움과 재주가 미흡하다는 말로 자기의 학식을 겸손하게 낮추어 말할 때에 쓰인다.

[예문] 지식과 언변이 모두 부족한 천학비재이지만 누구보다 성실히 일하겠습니다.

淺 얕을 천 | 學 배울 학 | 菲 엷을 비 | 才 재주 재

徹頭徹尾 철두철미

처음부터 끝까지 철저하다는 말이다.

[예문] 어찌나 철두철미하게 준비했는지 누구도 당해 내지 못했다.

徹 통할 철 | 頭 머리 두 | 尾 꼬리 미

鐵面皮 철면피

얼굴에 쇠로 된 가면을 썼다는 뜻으로 얼굴에 철판을 깐 것처럼 부끄러움을 모르고 뻔뻔스러운 사람이라고 할 때 사용한다.

[예문] 자기 잘못은 모르고 뻔뻔스럽게 남의 잘못만 들춰내니 철면피가 따로 없다.

鐵 쇠 철 | 面 얼굴 면 | 皮 가죽 피

徹天之讐 철천지수

하늘에 사무치도록 한이 맺히게 한 원수를 가리켜 말한다. 흔히 '철천지원수'라고 사용한다.

예문) 아무리 마음을 넓게 쓴다 해도 철천지수를 용서할 정도의 아량을 베풀지는 못하겠다.

徹 통할 **철** | 天 하늘 **천** | 之 갈 **지** | 讐 원수 **수**

徹天之冤 철천지원

하늘에 사무치도록 아주 큰 원한이란 뜻이다.

예문) 우리 집안을 몰살시킨 자를 향한 철천지원은 십년이 지나도 전혀 수그러들지 않는다.

徹 통할 **철** | 天 하늘 **천** | 之 갈 **지** | 冤 원통할 **원**

疊疊山中 첩첩산중

여러 산이 겹치고 겹친 산속, 즉 아주 깊은 산중을 말한다. 끝이 보이지 않는, 쉽지 않은 일을 가리켜 첩첩산중이라고도 한다.

예문) 한 고비를 넘기고 나니 또 다른 고비가 찾아왔다. 첩첩산중이 따로 없구나.

疊 겹쳐질 **첩** | 山 뫼 **산** | 中 가운데 **중**

青山流水
청산유수

푸른 산과 흐르는 물이라는 말로 말을 거침없이 잘 하는 것을 비유적으로 일컫는다.

[예문] 독서가 취미인 그 사람은 언제나 청산유수로 사람들을 감동시킨다.

靑 푸를 청 | 山 메 산 | 流 흐를 유 | 水 물 수

靑雲之志
청운지지

'청운(靑雲, 푸른 구름)의 뜻'이란 말로 남보다 훌륭하게 출세하고 싶은 마음을 비유할 때 사용한다.

[예문] 청운지지를 품고 한양으로 출발한 그에게 남은 것은 이제 자존심밖에 없다.

靑 푸를 청 | 雲 구름 운 | 之 갈 지 | 志 뜻 지

聽而不聞
청이불문

듣고도 듣지 못한 체한다는 말로 '청약불문(聽若不聞)'이라고도 한다.

[예문] 이 조직에서 살아남을 수 있는 방법은 청이불문하는 수밖에 없습니다.

聽 들을 청 | 而 말이을 이 | 不 아니 불 | 聞 들을 문

靑天白日 청천백일

푸른 하늘에 떠 있는 밝게 비추는 해라는 말로, 세상에 죄가 없이 결백하거나 억울한 누명을 벗게 되는 경우를 비유할 때 사용한다.

[예문] 청천백일한 나의 심정을 세상 그 누가 알아주랴.

靑 푸를 **청** | 天 하늘 **천** | 白 흰 **백** | 日 날 **일**

靑天霹靂 청천벽력

맑은 하늘에서 갑자기 일어나는 우레라는 뜻으로 뜻밖에 일어난 돌발적인 어떤 사고나 급격한 변화의 발생 등을 말한다.

[예문] 위험한 고비를 넘겨 안심하고 있었더니 이게 무슨 청천벽력과 같은 소리냐.

靑 푸를 **청** | 天 하늘 **천** | 霹 벼락 **벽** | 靂 벼락 **력**

靑出於藍 청출어람

쪽이라는 풀에서 나온 푸른 물감이 쪽보다 더 푸르다는 말로, 열심히 학문에 정진하면 스승보다 더 뛰어날 수 있다는 뜻이다.

[예문] 좋은 스승 밑에서 쉬지 않고 정진하니 청출어람은 시간문제가 아닐까 싶다.

靑 푸를 **청** | 出 날 **출** | 於 어조사 **어** | 藍 쪽 **람**

清風明月
청풍명월

맑은 바람과 밝은 달이라는 뜻으로, 결백하고 온건한 성격을 이른다. 또는 풍자와 해학으로 세상사를 논하는 것을 비유하기도 한다.

[예문] 우리 고향은 청풍명월의 고장으로 유명하다.

淸 맑을 청 | 風 바람 풍 | 明 밝을 명 | 月 달 월

樵童汲婦
초동급부

땔나무를 하는 아이와 물을 긷는 여인네라는 말로 보통 사람을 일컫는다.

[예문] 초동급부의 뜻을 살펴 그에 알맞은 정책을 펴는 것이 우선이다.

樵 땔나무 초 | 童 아이 동 | 汲 길을 급 | 婦 며느리 부

草露人生
초로인생

해가 나면 없어지는 풀잎에 맺힌 이슬처럼 덧없는 인생을 뜻한다.

[예문] 인생은 초로와 같으니 헛된 부귀영화를 꿈꾸지 말고 안분지족하며 살도록 해라.

草 풀 초 | 露 이슬 로 | 人 사람 인 | 生 날 생

焦眉之急 초미지급

눈썹에 불이 불었다는 말로 아주 긴급하고 위급한 상황을 뜻한다.

[예문] 한시도 지체할 수 없는 초미지급한 상황이다.

焦 그을릴 **초** | 眉 눈썹 **미** | 之 갈 **지** | 急 급할 **급**

初志一貫 초지일관

처음 품은 뜻을 한결같이 꿰뚫는다는 말로 주변 유혹에 현혹되지 않고 처음의 뜻을 끝까지 밀고 나간다는 뜻이다.

[예문] 유행을 좇아 업종을 바꾸는 동생과 달리 형은 초지일관 처음 시작한 사업을 계속 하고 있다.

初 처음 **초** | 志 뜻 **지** | 一 한 **일** | 貫 꿸 **관**

寸鐵殺人 촌철살인

단 한 치밖에 되지 않는 쇠로 사람을 죽인다는 말로, 간단한 한마디 말로 상대의 급소를 찔러 당황하게 하거나 감동시키는 경우에 사용한다.

[예문] 그는 촌철살인의 논평으로 수많은 독자 팬을 확보하고 있다.

寸 마디 **촌** | 鐵 쇠 **철** | 殺 죽일 **살** | 人 사람 **인**

秋風落葉
추풍낙엽

가을바람에 떨어지는 낙엽이라는 말로 세력 등이 갑자기 기울거나 떨어질 때 사용한다.

[예문] 그는 이번 대선에서도 추풍낙엽 신세를 면치 못했다.

秋 가을 **추** | 風 바람 **풍** | 落 떨어질 **낙** | 葉 잎 **엽**

春蛙秋蟬
춘와추선

봄철 개구리와 가을 매미의 시끄러운 울음소리라는 말로 쓸모없는 언론을 비유적으로 일컫는다.

[예문] 하나같이 춘와추선인 언론은 제대로 된 언론의 기능을 못하고 있다.

春 봄 **춘** | 蛙 개구리 **와** | 秋 가을 **추** | 蟬 매미 **선**

春雉自鳴
춘치자명

봄 꿩이 스스로 운다는 말로 제 허물을 스스로 드러내 화를 자초한다는 뜻이다.

[예문] 가만히 있었으면 화를 당하지 않았을 것을 이게 바로 춘치자명의 결과가 아니고 무엇이겠는가.

春 봄 **춘** | 雉 꿩 **치** | 自 스스로 **자** | 鳴 울 **명**

出嫁外人 출가외인

시집간 딸은 바깥사람이란 말로 출가한 딸은 남이나 마찬가지란 뜻이다.

[예문] 결혼한 딸을 출가외인이라고 부르던 시대는 이미 지난 지 오래다.

出 날 **출** | 嫁 시집갈 **가** | 外 바깥 **외** | 人 사람 **인**

出沒無雙 출몰무쌍

나타났다 없어졌다 하는 것이 너무 심하게 잦다는 말로, 들고 남을 종잡을 수 없다는 뜻이다.

[예문] 밤과 낮을 가리지 않고 출몰무쌍하는 멧돼지들로 인해 농민들이 울상을 짓고 있다.

出 날 **출** | 沒 빠질 **몰** | 無 없을 **무** | 雙 두·쌍 **쌍**

出將入相 출장입상

나가서는 장수, 들어와서는 재상이란 말로 문무를 다 갖춘 사람을 일컫는다.

[예문] 문무(文武) 어느 것 하나 빠지는 것이 없는 그는 출장입상의 대표적인 인물로 손꼽힌다.

出 날 **출** | 將 장수 **장** | 入 들 **입** | 相 서로 **상**

忠言逆耳 충언역이

충성된 말은 귀에 거슬린다는 말로 '양약고구 충언역이(良藥苦口忠言逆耳)', 즉 좋은 약은 입에 쓰고, 바른 말은 귀에 거슬린다는 뜻이다.

[예문] 아첨하는 자는 멀리하고, 충언역이하는 인물을 옆에 두어야 한다.

忠 충성 **충** | 言 말씀 **언** | 逆 거스를 **역** | 耳 귀 **이**

取捨選擇 취사선택

취할 것은 취하고, 버릴 것은 버려서 선택한다는 뜻이다.

[예문] 좋은 강의가 많으니 학생들은 직접 취사선택해서 수강하도록 하십시오.

取 가질 **취** | 捨 버릴 **사** | 選 가릴 **선** | 擇 가릴 **택**

醉生夢死 취생몽사

취해서 꿈속에서 살고 죽는다는 말로 한평생을 아무런 뜻도, 이룬 것도 없이 흐지부지 살다간다는 뜻이다.

[예문] 그는 이제야 취생몽사한 지난날을 뼈저리게 후회했다.

醉 취할 **취** | 生 날 **생** | 夢 꿈 **몽** | 死 죽을 **사**

惻隱之心 측은지심

불쌍하고 측은하게 여기는 마음을 일컫는다.

예문 주인을 잃고 거리에서 떠돌이 개로 돌아다니는 모습을 보니 측은지심이 들어 집으로 데려왔다.

惻 슬퍼할 **측** | 隱 숨길 **은** | 之 갈 **지** | 心 마음 **심**

痴人說夢 치인설몽

어리석은 사람이 꿈 이야기를 한다는 뜻으로, 종잡을 수 없이 횡설수설 지껄이는 경우에 사용한다.

예문 그의 말을 듣고 있는 것은 시간낭비일 뿐이다. 치인설몽에 지나지 않는 말이 대부분이기 때문이다.

痴 어리석을 **치** | 人 사람 **인** | 說 말씀 **설** | 夢 꿈 **몽**

置之度外 치지도외

법도 밖에 둔다는 말로 내버려두고 상대하지 않는다는 뜻이다.

예문 공부하는 대학생이 책과 노트를 치지도외하고 지낸다는 것은 있을 수 없는 일이다.

置 둘 **치** | 之 갈 **지** | 度 법도 **도** | 外 바깥 **외**

七去之惡 (칠거지악)

아내를 내쫓을 수 있는 7가지의 조건이란 뜻으로 옛날 유교문화권에서 비롯된 말이다.

예문: 조선 시대의 여성들은 '부부유별, 삼종지도, 칠거지악'과 같은 유교 윤리에 얽매여 살았다.

七 일곱 **칠** | 去 갈 **거** | 之 갈 **지** | 惡 악할 **악**

七顚八起 (칠전팔기)

일곱 번 넘어지고 여덟 번 일어선다는 말로 여러 번 실패해도 굽히지 않고 계속 도전한다는 뜻이다.

예문: 우리 할머님은 칠전팔기의 도전정신을 발휘해 결국에는 운전면허 시험에 합격하셨다.

七 일곱 **칠** | 顚 꼭대기 **전** | 八 여덟 **팔** | 起 일어날 **기**

七顚八倒 (칠전팔도)

일곱 번 구르고 여덟 번 넘어진다는 말로 어려운 고비를 많이 겪는다는 뜻이다.

예문: 칠전팔도하더라도 결코 포기하지 말고 끝까지 네 집념을 보여 주도록 해라.

七 일곱 **칠** | 顚 꼭대기 **전** | 八 여덟 **팔** | 倒 넘어질 **도**

七縱七擒 칠종칠금

일곱 번 놓아주고 일곱 번 잡는다는 뜻으로 제갈량이 맹획(孟獲)을 사로잡은 고사에서 비롯된 말이다.

[예문] 벌써 다섯 번째 김 의원의 집을 찾은 이 대표는 칠종칠금하겠다며 다음날 다시 찾을 것을 예고했다.

七 일곱 **칠** | **縱** 늘어질 **종** | **七** 일곱 **칠** | **擒** 사로잡을 **금**

針小棒大 침소봉대

바늘처럼 작은 것을 몽둥이라고 크게 말한다는 뜻으로 작은 것을 크게 과장해서 말하는 것을 일컫는다.

[예문] 그는 언론이 지나치게 침소봉대하고 있다며 언론에 놀아나지 말 것을 당부했다.

針 바늘 **침** | **小** 작을 **소** | **棒** 몽둥이 **봉** | **大** 큰 **대**

快刀亂麻 쾌도난마

잘 드는 칼로 헝클어진 삼 가닥을 자른다는 말로, 어지러운 일을 시원스럽게 처리하는 것을 뜻한다.

예문 국민들은 당선자에게 지금의 복잡한 상황을 쾌도난마해 달라고 부탁했다.

快 쾌할 쾌 | 刀 칼 도 | 亂 어지러울 난 | 麻 삼 마

他山之石 타산지석

다른 산의 보잘것없는 돌도 옥을 가는데 쓰인다는 말로 다른 사람의 하찮은 언행도 자신의 학문을 연마하는 데 도움이 된다는 뜻이다.

[예문] 우리는 일본의 실패를 타산지석의 예로 삼아 그들처럼 실패하는 일이 없도록 해야 할 것입니다.

他 다를 **타** | **山** 메 **산** | **之** 갈 **지** | **石** 돌 **석**

卓上空論 탁상공론

탁자 위에서 펼치는 헛된 논설이라는 말로 실현성이 없는 허황된 이론을 뜻한다.

[예문] 해결책이라고 내 놓은 것이 한낱 탁상공론에 지나지 않으니 한숨이 절로 나온다.

卓 높을 **탁** | **上** 윗 **상** | **空** 빌 **공** | **論** 말할 **론**

貪官汚吏 탐관오리

탐욕이 많고 부정을 일삼는 벼슬아치, 즉 행실이 부도덕한 나쁜 관리를 뜻한다.

[예문] 연일 쏟아지는 탐관오리들의 부정주패에 국민들은 허탈함을 감추지 못했다.

貪 탐낼 **탐** | **官** 벼슬 **관** | **汚** 더러울 **오** | **吏** 벼슬아치 **리**

泰然自若
태연자약

어떤 충동이나 유혹이 있어도 태연하고 천연덕스럽다는 뜻이다.

[예문] 나는 그가 너무나 태연자약한 태도를 보여서 이 일과는 전혀 무관한 줄 알았다.

泰 클 **태** | 然 그럴 **연** | 自 스스로 **자** | 若 같을 **약**

泰山北斗
태산북두

태산이나 북두처럼 모든 사람들이 우러러보는 존재라는 말로, 모든 사람이 존경하는 뛰어난 인물을 가리킨다.

[예문] 그는 태산북두와 같은 존재로 그 마을 사람들의 존경을 한몸에 받았다.

泰 클 **태** | 山 뫼 **산** | 北 북녘 **북** | 斗 말 **두**

太平烟月
태평연월

근심과 걱정이 없는 평안한 세월, 즉 세상이 평화롭고 안락한 때를 가리킨다.

[예문] 얼마 만에 누리는 태평연월의 즐거움인지 모르겠다.

太 클 **태** | 平 평평할 **평** | 烟 연기 **연** | 月 달 **월**

兎死狗烹 토사구팽

토끼가 죽으면 사냥개가 삶아 먹히게 된다는 뜻으로, 필요 없게 되면 헌신짝처럼 버리는 야박함을 일컫는다.

[예문] 믿었던 사람에게 토사구팽 당하고 보니 세상에 믿을 사람 하나 없는 것 같다.

兎 토끼 **토** | 死 죽을 **사** | 拘 잡을 **구** | 烹 삶을 **팽**

推敲 퇴고

문장을 지을 때 여러 번 생각하여 다듬고 고치는 일을 말한다.

[예문] 초고는 완성되었고 이제 퇴고하는 일만 남았다.

推 밀 **퇴** | 敲 두드릴 **고**

破鏡 파경

깨진 거울이라는 말로 부부사이의 금슬이 좋지 않아 헤어지게 되는 경우를 뜻한다.

[예문] 결혼한 지 얼마 지나지 않아 그들의 파경 소식이 전해져 사람들은 깜짝 놀랐다.

破 깨뜨릴 **파** | 鏡 거울 **경**

波瀾曲折 파란곡절

생활이나 일을 진행하는 데 있어 많은 시련과 어려움이 있다는 말이다.

[예문] 그녀는 파란곡절로 얼룩진 지난 인생을 돌아보며 씁쓸한 웃음을 지어 보였다.

波 물결 **파** | 瀾 물결 **란** | 曲 굽을 **곡** | 折 꺾을 **절**

波瀾萬丈 파란만장

생활이나 일을 진행하는 데 있어 시련이 많고 변화가 심하다는 뜻이다.

[예문] 그의 파란만장한 삶은 영화로 만들어도 될 정도이다.

波 물결 **파** | 瀾 물결 **란** | 萬 일만 **만** | 丈 어른 **장**

波瀾重疊 파란중첩

일의 진행에 있어서 변화와 난관이 많은 것을 일컫는다.

[예문] 책에는 근대의 파란중첩한 시대상이 아주 자세히 묘사되어 있다.

波 물결 **파** | 瀾 물결 **란** | 重 무거울 **중** | 疊 겹쳐질 **첩**

破邪顯正 파사현정

그릇된 것을 깨뜨리고 올바르게 바로잡는다는 뜻이다.

[예문] 언론의 중심에 선 기자들에게는 파사현정의 정신이 요구된다.

破 깨뜨릴 **파** | 邪 간사할 **사** | 顯 나타날 **현** | 正 바를 **정**

破顏大笑 파안대소

얼굴이 찢어지도록 크게 웃는다는 뜻으로 한바탕 크게 웃는 것을 가리킨다.

[예문] 그의 파안대소는 보는 이들도 웃음 짓게 만든다.

破 깨뜨릴 **파** | 顏 낯 **안** | 大 큰 **대** | 笑 웃음 **소**

破竹之勢 파죽지세

대나무를 쪼개는 듯한 기세, 즉 강한 기세를 늦추지 않고 계속해서 거침없이 쳐들어가는 형세를 비유한 말이다.

[예문] 연일 신기록을 달성하고 있는 그의 파죽지세는 언제까지 계속될까?

破 깨뜨릴 **파** | 竹 대나무 **죽** | 之 갈 **지** | 勢 기세 **세**

八方美人 팔방미인

어떻게 보아도 아름다운 미인이라는 뜻으로 여러 방면으로 능력이 뛰어난 사람을 일컫는다.

[예문] 그녀는 얼굴뿐 아니라 능력도 뛰어나 팔방미인이라는 소리를 듣는다.

八 여덟 **팔** | 方 모 **방** | 美 아름다울 **미** | 人 사람 **인**

敗家亡身 패가망신

집안의 재산을 모두 탕진하고 몸을 망친다는 뜻이다.

[예문] 카지노에서 빠져나오지 못한 그는 결국에 패가망신하고 말았다.

敗 패할 **패** | 家 집 **가** | 亡 망할 **망** | 身 몸 **신**

烹頭耳熟 팽두이숙

머리를 삶으면 귀까지 삶아진다는 뜻으로, 중요한 것만 해결하면 나머지는 모두 자동적으로 따라서 해결된다는 말이다.

[예문] 일단 가장 시급한 이 문제부터 해결합시다. 그러면 나머지 일들은 팽두이숙 격으로 자연스럽게 해결될 것입니다.

烹 삶을 **팽** | 頭 머리 **두** | 耳 귀 **이** | 熟 익을 **숙**

平沙落雁 평사낙안

모래톱에 내려앉는 기러기라는 뜻으로 글씨를 예쁘게 잘 쓰는 것을 비유하는 말이다.

[예문] 그곳은 기러기가 날개를 펼쳐 모래톱에 내려앉는 '평사낙안형' 명당으로 손꼽힌다.

平 평평할 **평** | 沙 모래 **사** | 落 떨어질 **낙** | 雁 기러기 **안**

抱腹絶倒 포복절도

배를 끌어안고 몸을 가누지 못할 정도로 몹시 웃는 것을 뜻한다.

[예문] 어찌나 재미있던지 관객들은 모두 포복절도했다.

抱 안을 **포** | 腹 배 **복** | 絶 끊을 **절** | 倒 넘어질 **도**

飽食暖衣 포식난의

배부르게 먹고 따뜻하게 옷을 입는다는 말로 의식에 불편함이 없이 편하게 지내는 것을 일컫는다.

예문 마을 사람들 모두가 포식난의하는 삶을 누리고 있었다.

飽 배부를 포 | 食 밥 식 | 暖 따뜻할 난 | 衣 옷 의

暴虎馮河 포호빙하

맨주먹으로 호랑이를 때려잡고, 맨몸으로 강을 건넌다는 뜻으로, 무모한 용기를 가리키는 말이다.

예문 그의 용기는 가상하나 사람들에게 포호빙하로 평가절하 될 것이다.

暴 사나울 포 | 虎 범 호 | 馮 탈 빙 | 河 물 하

表裏不同 표리부동

겉과 속이 하나가 아니라는 말로 마음이 음흉해서 겉과 속이 다르다는 뜻이다.

예문 표리부동한 대기업의 횡포에 드디어 국민들이 반기를 들기 시작했다.

表 겉 표 | 裏 속 리 | 不 아니 부 | 同 한가지 동

風磨雨洗
풍마우세

비와 바람에 갈리고 씻긴다는 말이다.

[예문] 이곳 바위들은 풍마우세에 의해 만들어진 절경으로 최고의 관광지로 손꼽히고 있다.

風 바람 풍 | 磨 갈 마 | 雨 비 우 | 洗 씻을 세

風聲鶴唳
풍성학려

바람소리와 학의 울음소리라는 뜻으로, 무엇에 크게 놀란 사람이 아무것도 아닌 일에 겁을 먹고 놀라는 것을 가리킨다.

[예문] 어제 전투에서 호되게 당한 군사들은 풍성학려로 싸움을 포기하고 달아나 버렸다.

風 바람 풍 | 聲 소리 성 | 鶴 학 학 | 唳 울 려

風樹之嘆
풍수지탄

'樹欲靜而風不止 子欲養而親不待(수욕정이풍부지 자욕양이친부대, 나무는 고요하고자 하나 바람이 그치지 않고, 자식은 봉양하고자 하나 부모님은 기다려 주시지 않네.)'에서 유래된 말로 효도를 하지 못한 채 어버이를 잃은 슬픔을 나타낸다.

[예문] 이렇게 기회만 엿보고 있다가 풍수지탄의 우를 범하지나 않을까 걱정이다.

風 바람 풍 | 樹 나무 수 | 之 어조사 지 | 嘆 탄식할 탄

風前燈火
풍전등화

바람 앞의 등불처럼 매우 위급한 처지에 놓여 있는 것을 가리킨다.

[예문] 외국 기업들의 대규모 공략으로 우리 기업의 운명이 풍전등화에 놓여 있다.

風 바람 풍 | 前 앞 전 | 燈 등잔 등 | 火 불 화

風餐露宿
풍찬노숙

바람을 먹고, 이슬을 맞으면서 잔다는 뜻으로, 객지에서 많은 고생을 한다는 말이다.

[예문] 장대하던 기골이 장기간의 풍찬노숙으로 인해 몰라볼 정도로 초라해졌다.

風 바람 풍 | 餐 밥 찬 | 露 이슬 노 | 宿 잘 숙

皮骨相接
피골상접

살가죽과 뼈가 맞붙을 정도로 심하게 말라 있음을 뜻한다.

[예문] 얼마나 오랫동안 굶었는지 피골이 상접해 있다.

皮 가죽 피 | 骨 뼈 골 | 相 서로 상 | 接 이을 접

彼此一般 피차일반

저것이나 이것이나 한 가지, 즉 서로 같다는 말이다.

[예문] 두 기업 모두 계약을 위반했으니 피차일반이다.

彼 저 **피** | 此 이 **차** | 一 한 **일** | 般 가지·일반 **반**

匹夫之勇 필부지용

좁은 소견을 갖고 깊은 생각 없이 혈기만 믿고 날뛰는 소인의 용기를 이르는 말이다.

[예문] 대세의 흐름을 읽지 못하고 무턱대고 날뛰는 필부지용을 비난했다.

匹 필 **필** | 夫 지아비 **부** | 之 갈 **지** | 勇 날쌜 **용**

匹夫匹婦 필부필부

한 쌍의 지아비와 한 쌍의 지어미라는 말로 평범한 일반 사람들을 일컫는 말이다. '갑남을녀(甲男乙女)'와 같은 뜻이다.

[예문] 김 감독은 과장되지 않은 필부필부의 소박한 일상을 담은 영화를 만들겠다고 포부를 밝혔다.

匹 필 **필** | 夫 지아비 **부** | 婦 며느리 **부**

下石上臺
하석상대

아랫돌을 빼서 윗돌을 괴고, 윗돌을 빼서 아랫돌을 괸다는 말로 괴기, 즉 임시방편으로 이리 저리 둘러맞추는 것을 일컫는다.

[예문] 하석상대와 같은 일시적인 조치로는 장기적인 이익을 기대할 수 없다.

下 아래 하 | 石 돌 석 | 上 위 상 | 臺 돈대 대

鶴首苦待
학수고대

학의 목처럼 목을 길게 늘여 기다린다는 말로 몹시 기다리는 것을 뜻한다.

[예문] 그녀에게 프러포즈한 그는 벌써 며칠째 그녀의 대답을 학수고대하고 있다.

鶴 학 학 | 首 머리 수 | 苦 쓸 고 | 待 기다릴 대

涸轍鮒魚
학철부어

수레바퀴 자국에 괸 물 속의 붕어라는 뜻으로, 몹시 위급한 지경에 빠져 있는 것을 가리키는 말이다.

[예문] 학철부어의 상태에 있는 사람을 도와주지는 못할망정 이런 매정한 짓을 해서는 안 된다.

涸 물마를 학 | 轍 바퀴자국 철 | 鮒 붕어 부 | 魚 물고기 어

邯鄲之夢 한단지몽

한단에서 꾼 꿈이라는 뜻으로, 인생과 영화가 덧없음을 비유한 말이다.

[예문] 파리에서 보낸 일주일이 꼭 한단지몽처럼 느껴진다.

邯 고을이름 **한** | 鄲 조나라서울 **단** | 之 갈 **지** | 夢 꿈 **몽**

邯鄲之步 한단지보

조나라의 서울인 한단의 걸음걸이를 배운다는 말로, 자기 분수를 잊고 무턱대고 남의 흉내를 내면 이도 저도 아닌 것이 된다는 뜻이다.

[예문] 제 분수에 맞는 옷을 입어야지 무턱대고 한단지보하다간 웃음거리가 되고 말 것이다.

邯 고을이름 **한** | 鄲 조나라서울 **단** | 之 갈 **지** | 步 걸음 **보**

汗牛充棟 한우충동

수레에 실으면 소가 땀을 흘리고, 방에 쌓으면 들보에까지 가득할 정도로 많은 책이라는 뜻이다.

[예문] 그는 일생동안 한우충동의 수많은 저서를 남겼다.

汗 땀 **한** | 牛 소 **우** | 充 찰 **충** | 棟 용마루 **동**

閒中眞味
한중진미

한가한 가운데 깃드는 참다운 맛이라는 말로 아주 맛이 뛰어나다는 뜻이다.

[예문] 최고의 한중진미를 맛본 이후부터는 아무리 좋은 음식을 먹어도 시시하게만 느껴지니 큰일이다.

閑 한가할 **한** | 中 가운데 **중** | 眞 참 **진** | 味 맛 **미**

緘口無言
함구무언

입을 봉하고 말이 없다는 말로 아무런 말도 하지 않음을 뜻한다.

[예문] 수많은 취재진들의 질문에도 그는 함구무언으로 일관하고 있다.

緘 봉할 **함** | 口 입 **구** | 無 없을 **무** | 言 말씀 **언**

含憤充怨
함분충원

분함을 품고 원한을 쌓는다는 말이다.

[예문] 그의 진심어린 사죄로 인해 오랜 세월 품은 함분충원이 눈 녹듯 사라졌다.

含 머금을 **함** | 憤 결낼 **분** | 充 찰 **충** | 怨 원망할 **원**

含哺鼓腹
함포고복

많이 먹고 배를 두드린다는 말로 배불리 먹고 즐겁게 지낸다는 뜻이다.

[예문] 아무런 근심걱정 없이 함포고복하는 이 시간이 얼마나 지속될 수 있을지 한편으로는 불안하다.

含 머금을 함 | 哺 먹을 포 | 鼓 북 고 | 腹 배 복

咸興差使
함흥차사

태조 이성계가 왕자의 난으로 인한 울분으로 정종에게 왕위를 물려주고 함흥으로 간 것에서 유래한 말로 한번 가면 깜깜소식이라는 말이다. 심부름 가서 오지 않거나 아주 늦게 오는 것을 비유한다.

[예문] 심부름 보낸 지가 언젠데 아주 함흥차사로구나.

咸 다 함 | 興 일 흥 | 差 어긋날 차 | 使 하여금 사

偕老同穴
해로동혈

살아서는 같이 늙고, 죽어서는 같은 무덤에 묻힌다는 말로, 늙어 죽을 때까지 생사를 함께 하자는 부부의 굳은 사랑의 맹세를 가리킨다.

[예문] 이혼율이 계속 치솟고 있어 해로동혈하는 부부들이 갈수록 줄어드는 추세다.

偕 함께 해 | 老 늙을 로 | 同 한가지 동 | 穴 구멍 혈

解語之花
해어지화

말을 알아듣는 꽃이라는 뜻으로, 미인을 비유하는 말이다.

[예문] 그녀는 해어지화라고 불린 그 시대 최고의 미인이었다.

解 풀 해 | 語 말씀 어 | 之 갈 지 | 花 꽃 화

行動擧止
행동거지

몸으로 움직여서 하는 모든 짓을 말한다.

[예문] 이제 성인이 되었으니 행동거지 하나하나에 책임을 질 줄 알아야 한다.

行 다닐 행 | 動 움직일 동 | 擧 들 거 | 止 그칠 지

虛禮虛飾
허례허식

예절, 법식 등을 꾸며 번드레하게 하는 일로 알맹이는 없이 겉치레에만 치중하는 것을 뜻한다.

[예문] 그녀는 결혼하게 될 사람과 허례허식에서 탈피한 검소한 결혼식을 올리자고 약속했다.

虛 빌 허 | 禮 예도 례 | 虛 빌 허 | 飾 꾸밀 식

虛無孟浪
허무맹랑

터무니없이 허황되고 실상이 없다는 말이다.

[예문] 어디서 들었는지 그렇게 허무맹랑한 소리를 해서 사람을 놀래키느냐.

虛 빌 **허** | **無** 없을 **무** | **孟** 맏 **맹** | **浪** 물결 **랑**

虛送歲月
허송세월

세월을 아무런 의미 없이 헛되게 그냥 흘려버리는 것을 뜻한다.

[예문] 너는 왜 금쪽같은 시간에 아무 일도 하지 않고 그저 허송세월하고 있니?

虛 빌 **허** | **送** 보낼 **송** | **歲** 해 **세** | **月** 달 **월**

虛心坦懷
허심탄회

마음속에 품은 생각을 아무 거리낌 없이 솔직한 태도로 터놓고 말하는 것을 이른다.

[예문] 어디 숨김없이 허심탄회하게 생각하고 있는 바를 말해 보거라.

虛 빌 **허** | **心** 마음 **심** | **坦** 평평할 **탄** | **懷** 품을 **회**

虛張聲勢 허장성세

헛되이 소리만 높인다는 말로 실력은 보잘 것없으면서 허세를 부린다는 뜻이다.

[예문] 큰소리 뻥뻥 치던 그의 모든 공약이 허장성세였음이 만천하에 드러났다.

虛 빌 허 | 張 베풀 장 | 聲 소리 성 | 勢 기세 세

懸梁刺股 현량자고

머리카락을 대들보에 묶고, 허벅다리를 송곳으로 찌른다는 말로, 분발하여 학업에 정진하는 것을 뜻한다.

[예문] 어찌나 많은 수험생들이 몰렸는지 현량자고한다고 해도 합격은 요원하기만 하다.

懸 매달 현 | 梁 대들보 량 | 刺 찌를 자 | 股 넓적다리 고

賢母良妻 현모양처

어진 어머니이면서 착한 아내라는 말이다.

[예문] 새 지폐 인물로 현모양처인 신사임당이 거론되고 있는데 일각에서는 시대착오적인 결정이라는 비난의 소리가 일고 있다.

賢 어질 현 | 母 어미 모 | 良 어질 양 | 妻 아내 처

玄裳縞衣 현상호의

검은 치마와 흰 저고리라는 말로 학을 비유적으로 이르는 말이다.

[예문] 현상호의를 수묵화로 그린 작품이 최고의 평가를 받았다.

玄 검을 **현** | 裳 치마 **상** | 縞 명주 **호** | 衣 옷 **의**

懸河之辯 현하지변

흐르는 물과 같은 달변이라는 말로 거침없고 유창한 말주변을 뜻한다.

[예문] 그의 현하지변은 적도 고개를 끄덕이고 수긍할 정도로 대단하다.

懸 달 **현** | 河 물 **하** | 之 갈 **지** | 辯 말씀 **변**

孑孑單身 혈혈단신

의지할 곳 없는 외로운 혼자 몸이라는 뜻이다.

[예문] 혈혈단신으로 지낸 지 어느덧 십수 년이 흘러 이제는 혼자인 것에 익숙해졌다.

孑 외로울 **혈** | 單 홑 **단** | 身 몸 **신**

孑孑無依 혈혈무의

홀몸으로 의지할 곳 없이 외롭다는 뜻이다.

[예문] 혈혈무의로 지내던 그에게 새로 꾸민 가정은 세상 무엇보다 소중했다.

孑 외로울 **혈** | 無 없을 **무** | 依 의지할 **의**

螢雪之功 형설지공

반딧불이나 눈빛으로 공부하여 얻은 성공이라는 뜻으로, 어려운 환경 속에서 열심히 공부하여 성공을 이루는 것을 말한다.

[예문] 형설지공의 교훈을 마음 깊이 새기고 공부를 게을리 하지 않겠다고 다짐했다.

螢 개똥벌레 **형** | 雪 눈 **설** | 之 갈 **지** | 功 공 **공**

狐假虎威 호가호위

여우가 호랑이의 위세를 빌린다는 뜻으로, 실력이나 재능도 없으면서 배경만 믿고, 날뛰는 사람을 비꼬는 말이다.

[예문] 그는 일제강점기 시절 호가호위하던 일본 앞잡이였다.

狐 여우 **호** | 假 거짓 **가** | 虎 호랑이 **호** | 威 위엄 **위**

糊口之策
호구지책

입에 풀칠한다는 말로 가난한 살림으로 인해 겨우 먹고산다는 말이다.

[예문] 그는 호구지책으로 밤에도 잠을 자지 않고 대리운전을 하고 있다.

糊 풀칠할 **호** | 口 입 **구** | 之 갈 **지** | 策 꾀 **책**

好事多魔
호사다마

좋은 일에는 방해가 되는 일이 많거나 방해되는 일이 많이 생긴다는 말이다.

[예문] 호사다마라고 좋은 일 뒤에 예기치 못한 일이 일어날지도 모르니 조심해야 한다.

好 좋을 **호** | 事 일 **사** | 多 많을 **다** | 魔 마귀 **마**

虎視眈眈
호시탐탐

범이 먹이를 호시탐탐 노려본다는 말로 기회를 노리며 형세를 살핀다는 뜻이다.

[예문] 호시탐탐 생선을 노리던 고양이가 주인이 잠시 방심한 틈을 타 재빨리 생선을 낚아채 갔다.

虎 범 **호** | 視 볼 **시** | 眈 노려볼 **탐**

豪言壯談 호언장담

호기롭고 자신 있게 말한다는 뜻으로 큰소리치며 당당하게 말하는 것을 가리킨다.

[예문] 호언장담하고 나왔는데 일이 생각대로 잘 될지 걱정이다.

豪 호걸 **호** | 言 말씀 **언** | 壯 장할 **장** | 談 말씀 **담**

浩然之氣 호연지기

어떤 일에 구애받지 않는 넓고 풍부한 마음이라는 뜻으로, 꺾이지 않고 흔들리지 않는 도덕적인 용기를 말한다.

[예문] 남이바위는 남이 장군이 앉아 호연지기를 길렀다는 곳이다.

浩 클 **호** | 然 그러할 **연** | 之 갈 **지** | 氣 기운 **기**

好衣好食 호의호식

좋은 옷과 좋은 음식이라는 말로 잘 입고 잘 먹는 것을 뜻한다.

[예문] 부정부패로 호의호식하던 자가 권력의 중심에 서 있다니 통탄할 일이다.

好 좋을 **호** | 衣 옷 **의** | 好 좋을 **호** | 食 밥 **식**

胡蝶之夢 호접지몽

나비가 되어서 훨훨 날아다니는 꿈이라는 말로, 자연과 내가 한 몸이 되는 경지나 인생의 무상함을 비유해서 말한다.

[예문] 그는 인터뷰에서 장자의 호접지몽을 작품으로 표현한 것이라고 밝혔다.

胡 턱밑살 **호** | 蝶 나비 **접** | 之 갈 **지** | 夢 꿈 **몽**

呼兄呼弟 호형호제

형이라고 부르고 아우라도 부른다는 말로 아주 가깝게 지낸다는 뜻이다.

[예문] 그렇게 오랫동안 호형호제하던 사람이 한 짓이라고는 생각하기 싫다.

呼 부를 **호** | 兄 형 **형** | 弟 아우 **제**

惑世誣民 혹세무민

세상을 어지럽히고 백성을 속인다는 말이다.

[예문] 언론이 혹세무민의 도구로 전락한 지도 오래되지 않았나 싶다.

惑 미혹할 **혹** | 世 인간 **세** | 誣 속일 **무** | 民 백성 **민**

魂飛魄散 혼비백산

넋이 날아가고 흩어진다는 말로 크게 놀라 어찌할 바 모르는 상태를 뜻한다.

[예문] 그의 갑작스러운 사고소식에 가족들은 모두 혼비백산했다.

魂 넋 혼 | 飛 날 비 | 魄 넋 백 | 散 흩을 산

渾然一體 혼연일체

행동과 뜻이 조금도 차이가 없이 하나가 된다는 말이다.

[예문] 그는 직원들 모두가 혼연일체 되어 이룩한 성과라고 생각한다며 모든 공을 직원들에게 돌렸다.

渾 흐릴 혼 | 然 그럴 연 | 一 한 일 | 體 몸 체

昏定晨省 혼정신성

저녁에는 잠자리를 보아 드리고, 아침에는 문안인사를 드린다는 말로 아침저녁으로 부모를 정성껏 살핀다는 뜻이다.

[예문] 부모님이 살아 계실 때 혼정신성해야지 돌아가신 후 후회하면 아무 소용없다.

昏 어두울 혼 | 定 정할 정 | 晨 새벽 신 | 省 살필 성

忽顯忽沒
홀현홀몰

갑자기 나타났다가 갑자기 사라진다는 말로 '신출귀몰(神出鬼沒), 출몰무쌍(出沒無雙)'과 비슷한 뜻이다.

[예문] 홀현홀몰하는 도둑 때문에 동네 사람들이 돌아가며 불침번을 서고 있다.

忽 갑자기 **홀** | 顯 나타날 **현** | 忽 갑자기 **홀** | 沒 빠질 **몰**

紅東白西
홍동백서

붉은 과실은 동쪽에 흰 과실은 서쪽에 차린다는 말로 제사상에 제물을 놓는 차례를 뜻한다.

[예문] 홍동백서라고 했는데 왜 자꾸 사과를 서쪽에 놓는 거니?

紅 붉을 **홍** | 東 동녘 **동** | 白 흰 **백** | 西 서녘 **서**

弘益人間
홍익인간

널리 인간 세계를 이롭게 한다는 말로 우리나라의 건국 시조인 단군의 건국이념이다.

[예문] 우리나라의 건국이념은 홍익인간이다.

弘 클 **홍** | 益 더할 **익** | 人 사람 **인** | 間 사이 **간**

紅一點
홍일점

· 여러 개의 푸른 것 가운데 붉은 것이 하나, 즉 여럿 가운데 유난히 이채(異彩)를 띠고 있는 하나를 가리킨다.

[예문] 그녀는 공대에서 유일한 여성으로 홍일점이 되었다.

紅 붉을 홍 | 一 한 일 | 點 점 점

畵龍點睛
화룡점정

용을 그리는 데 맨 마지막으로 눈동자를 그려 그림을 완성시킨다는 말로, 가장 중요한 부분을 마지막으로 마쳐 일을 완성시킴을 뜻한다.

[예문] 올 한해를 최고의 해로 만든 그녀는 연말에 여는 콘서트를 화룡점정의 무대로 만들겠다고 했다.

畵 그림 화 | 龍 용 룡 | 點 점 점 | 睛 눈동자 정

畵蛇添足
화사첨족

뱀을 그리고 발을 더한다는 말로 하지 않아도 될 일을 하거나 쓸데없는 일을 할 때를 비유한다.

[예문] 쓸데없는 화사첨족으로 일을 망치게 되었으니 어쩜 좋으냐.

畵 그림 화 | 蛇 긴뱀 사 | 添 더할 첨 | 足 발 족

華胥之夢 화서지몽

화서에서 꾼 꿈이라는 뜻으로 좋은 꿈을 이르는 말이다.

[예문] 그는 어젯밤 꿈이 화서지몽이라며 기뻐했다.

華 꽃·빛날 **화** | 胥 서로 **서** | 之 갈 **지** | 夢 꿈 **몽**

花朝月夕 화조월석

꽃이 핀 아침과 달 밝은 저녁이란 말로 경치가 가장 좋은 때를 가리킨다. 봄과 가을을 지칭하기도 한다.

[예문] 설악산은 화조월석의 아름다움을 만끽하기에 좋은 곳이다.

花 꽃 **화** | 朝 아침 **조** | 月 달 **월** | 夕 저녁 **석**

畵中之餠 화중지병

그림 속의 떡이란 말로 보이기는 하지만 실제 얻을 수 없는 일이나 실속 없는 일을 가리킨다.

[예문] 실효성 없는 허울뿐인 정책은 화중지병이나 다름없다.

畵 그림 **화** | 中 가운데 **중** | 之 갈 **지** | 餠 떡 **병**

和風暖陽 화풍난양

화창한 바람과 따뜻한 햇볕이란 말로 따뜻한 봄 날씨를 뜻한다.

[예문] 한라산에 오르니 화풍난양을 제대로 실감하겠다.

和 화할 화 | 風 바람 풍 | 暖 따뜻할 난 | 陽 볕 양

畵虎類狗 화호유구

범을 그리려다가 강아지를 그린다는 뜻으로, 능력이 없는 사람이 큰일을 도모하다가 도리어 잘못됨을 비유하는 말이다.

[예문] 모름지기 제 분수에 맞는 일을 해야 화효유구하지 않는 법이다.

畵 그림 화 | 虎 호랑이 호 | 類 무리 유 | 狗 개 구

換骨奪胎 환골탈태

뼈를 바꾸고 태를 빼앗는다는 말로 다른 사람의 글을 빌려 새로운 작품을 완성하는 것을 뜻한다. 또 발전을 거듭해 전혀 다른 사람처럼 변한 것을 이르기도 한다.

[예문] 지지부진하던 예전의 모습은 온데간데없이 환골탈태한 모습으로 나타났다.

換 바꿀 환 | 骨 뼈 골 | 奪 빼앗을 탈 | 胎 아이밸 태

鰥寡孤獨
환과고독

늙은 홀아비와 홀어미, 고아 등 외롭고 의지할 곳이 없는 사람을 가리킨다.

[예문] 우리 조상들은 세상에 환과고독만큼 불쌍한 사람은 없다고 했다.

鰥 홀아비 **환** | **寡** 적을 **과** | **孤** 외로울 **고** | **獨** 홀로 **독**

歡呼雀躍
환호작약

기뻐서 크게 소리치며 날뛴다는 뜻이다.

[예문] 복권에 당첨된 그녀는 환호작약하며 눈물을 흘리고 있다.

歡 기쁠 **환** | **呼** 부를 **호** | **雀** 참새 **작** | **躍** 뛸 **약**

惶恐無地
황공무지

황공해서 몸을 둘 곳이 없다는 뜻이다.

[예문] 저는 도움을 드린 것도 없는데 그렇게 큰 도움을 주시니 황공무지입니다.

惶 두려울 **황** | **恐** 두려울 **공** | **無** 없을 **무** | **地** 따 **지**

荒唐無稽
황당무계

말이나 행동이 진실하지가 않고 터무니없다는 뜻이다.

[예문] 그런 황당무계한 소리는 집어치우고 근거가 확실한 말을 해라.

荒 거칠 **황** | 唐 당나라 **당** | 無 없을 **무** | 稽 상고할 **계**

膾炙人口
회자인구

회는 날고기, 자는 구운 고기로 맛있는 음식이 사람들 입에 오르내리는 것처럼 널리 사람들에게 알려져 칭찬받는다는 말이다.

[예문] 그가 이번에 실천한 선행은 소문을 내지도 않았는데 인구에 회자되고 있다.

膾 회 **회** | 炙 구울 **자** | 人 사람 **인** | 口 입 **구**

會者定離
회자정리

만나면 언젠가는 헤어지게 되어 있다는 말로 이별의 아쉬움이나 인생의 무상함을 뜻한다.

[예문] 회자정리라 했으니 이별을 너무 슬퍼하지 마라.

會 모일 **회** | 者 놈 **자** | 定 정할 **정** | 離 떠날 **리**

橫說竪設
횡설수설

말에 조리가 없이 이러쿵저러쿵 되는대로 지껄인다는 뜻이다.

[예문] 도대체 무슨 말을 하는지 횡설수설 좀 그만해라.

橫 가로 **횡** | 說 말씀 **설** | 竪 설 **수**

後生可畏
후생가외

뒤에 태어난 사람은 두려워할 만하다는 말로 젊고 의지가 강한 후배들이 학문을 열심히 닦으면 선배보다 큰 인물이 될 수 있다는 뜻이다. 보통 후배가 선배보다 나을 때 사용한다.

[예문] 이번에 새로 선발된 대표팀이 후생가외를 실현할 수 있을지 걱정이다.

後 뒤 **후** | 生 날 **생** | 可 옳을 **가** | 畏 두려워할 **외**

後悔莫及
후회막급

뒤늦게 후회해 봤자 어쩔 수 없다는 말로 아무리 후회하고 뉘우쳐도 결과를 뒤바꿀 수 없을 때 사용한다.

[예문] 공부를 안 하고 놀기만 했더니 후회막급이다.

後 뒤 **후** | 悔 뉘우칠 **회** | 莫 없을 **막** | 及 미칠 **급**

喜怒哀樂
희로애락

기쁨과 노여움, 슬픔과 즐거움, 즉 사람의 여러 가지 감정을 이르는 말이다.

[예문] 사람은 희로애락을 느끼는 존재다.

喜 기쁠 **희** | 怒 성낼 **로** | 哀 슬플 **애** | 樂 즐길 **락**

喜色滿面
희색만면

얼굴에 기쁜 빛이 가득하다는 말이다.

[예문] 사법시험에 다섯 번째 도전만에 어렵게 합격한 그는 희색만면하다.

喜 기쁠 **희** | 色 빛 **색** | 滿 찰 **만** | 面 낯·밀가루 **면**

喜喜樂樂
희희낙락

아주 많이 기뻐하고 즐거워한다는 뜻이다.

[예문] 아무런 계획 없이 희희낙락만 하다가는 큰코다친다.

喜 기쁠 **희** | 樂 즐길 **락**